Das zweite Gehalt

Das zweite Gehalt

*– für ein erfülltes, gehaltvolles Leben
in finanzieller Freiheit –*

Eike Clausius

5. Auflage
Berlin 2018

*Mit einem Vorwort von
Karl Pilsl*

© 2018 www.eikeclausius.de

Alle Rechte vorbehalten. All rights reserved.

Alle Rechte, auch die der Übersetzung, des Nachdrucks und der Vervielfältigung des Werkes oder Teilen daraus, vorbehalten. Kein Teil des Werkes darf ohne schriftliche Genehmigung des Verlages in irgendeiner Form (Fotokopie, Fotographie, Mikrofilm oder ein anderes Verfahren), auch nicht für Zwecke der Unterrichtsgestaltung, reproduziert oder unter Verwendung elektronischer Systeme verarbeitet, vervielfältigt oder verbreitet werden.

Die Wiedergabe von eventuell verwendeten Gebrauchsnamen, Handelsnamen, Warenbezeichnungen usw. in diesem Werk berechtigt auch ohne besondere Kennzeichnung nicht zu der Annahme, dass solche Namen im Sinne der Warenzeichen- und Markenschutz-Gesetzgebung als frei zu betrachten wären und daher von jedermann benutzt werden dürften.

Trotz sorgfältigem Lektorat können Fehler auftreten. Autor und Verlag sind dankbar über diesbezügliche Hinweise.

Jegliche Haftung ist ausgeschlossen, alle Rechte bleiben vorbehalten.

Bibliografische Information der Deutschen Nationalbibliothek:

Die Deutsche Nationalbibliothek verzeichnet diese Publikation in der Deutschen Nationalbibliografie; detaillierte bibliografische Daten sind im Internet über http://dnb.dnb.de abrufbar.

© 2018 Dr. Eike Clausius

Illustration: Dr. Clausius Consulting

Herstellung und Verlag: BoD – Books on Demand, Norderstedt

ISBN: 9-7837-4129-564-5

Widmung

Dieses Buch widme ich all jenen Menschen, die das Hamsterrad ihres Lebens verlassen und sich ein erfülltes, Gehalt-Volles Leben in finanzieller Freiheit aufbauen möchten.

Pflichtbewusstsein ohne Liebe macht verdrießlich,
Verantwortung ohne Liebemacht rücksichtslos,
Gerechtigkeit ohne Liebe macht hart,
Wahrhaftigkeit ohne Liebe macht Kritiksüchtig,
Klugheit ohne Liebe macht betrügerisch,
Freundlichkeit ohne Liebe macht heuchlerisch,
Ordnung ohne Liebe macht kleinlich,
Sachkenntnis ohne Liebe macht rechthaberisch,
Ehre ohne Liebe macht grausam,
Besitz ohne Liebe macht geizig,
Glaube ohne Liebe macht fanatisch.
Laotse (6.Jh. v. Chr.)

Inhaltsverzeichnis

Danksagung 13
Vorwort von Karl Pilsl zur 5. Auflage 14
Einführung 17
Vorstellung von Vertriebswegen 21
    Übersicht 21
    Klassischer Einzelhandel 22
    Franchise 24
    Direktvertrieb 26
    Network-Marketing 28
    Empfehlungsmarketing 29
Vertriebswege im qualitativen Vergleich 32
    Kriterienbezogene Gegenüberstellung von Vertriebswegen 32
    Personenbezogene Gegenüberstellung von Vertriebswegen 38
    Herausforderung der Selbstständigkeit 43
    Der Erfolg kommt durch ‚Tun' 47
Vertriebswege im quantitativen Vergleich 50
    Das Potenzial der Duplikation 50
    Einkommensgenerierung im Empfehlungsmarketing – Die Baummetapher 60
    Ertragswirtschaftliche Gegenüberstellung unterschiedlicher Vertriebsformen 64

Funktionsweise des Empfehlungsmarketings 69
Die Grundlagen – Aller Anfang ist schwer? 69
‚Die Macht der dritten Person' 83
Kaufhausbeispiel – Beispiel: Virtuelles Kaufhaus 85
Allgemeine Betrachtung 85
Mögliche Abteilungen eines Virtuellen Kaufhauses 89
Nutzungsmöglichkeiten eines Virtuellen Kaufhauses 92
Tankstellenbeispiel – Beispiel: Tankstelle 96
Die Entwicklung eines Systems – Duplikation 100

Empfehlungsmarketing in qualitativer Betrachtung
.... 106

Einkommensgenerierung im Empfehlungsmarketing – Die Lastkraftwagenmetapher 106

Duplikation an grafischen Beispielen – qualitative Betrachtung 112

Betrachtung einer 1er-Duplikation nach Monaten 113

Betrachtung einer 1er-Duplikation nach Tiefe der Ebenen 129

Empfehlungsmarketing in quantitativer Betrachtung
.... 142

Einkommensmöglichkeiten nach 6-monatiger 1er-Duplikation 142

Rendite – Finanzmathematische Betrachtung 145

Schritt für Schritt zum `zweiten Gehalt´ 149

Realitätscheck 149

Die 1-3-5-7-Regel 158

Empfehlungsmarketing als Lernprozess 159

Veränderung durch T-U-N 162

Die acht mentalen Konstellationen bei
Veränderungsprozessen (mit ihren Weggabelungen) 163

Die zehn sicheren Prinzipien für Ihren Erfolg im
Empfehlungsmarketing 175

Die zehn überwindbaren Hürden vor Ihrem Erfolg im
Empfehlungsmarketing 184

Abkürzungsverzeichnis 197

Sinnsprüche 198

Literaturverzeichnis 199

Sachwortregister 205

Prof. Dr. Eike Clausius 216

Danksagung

Bedanken möchte ich mich bei den Menschen, die sich mit dem Erwerb dieses Buches entschieden haben, im Mittelpunkt Ihres Lebens zu stehen, um sich eine noch bessere Lebensqualität aufzubauen.

Mein Dank geht an alle Personen in Unternehmen, die mir Wege aufzeigten und mich hinter die Kulissen eines weiteren Einkommens, eines `Zweiten Gehalts' – einer `Zweiten Quelle' – blicken ließen.

Danke auch für die positiven Referenzen sowie den kleinen Ver- und Nachbesserungswünschen, denen ich in der 5. Auflage nachkommen durfte.

Diese Auflage wurde um „Die acht mentalen Konstellationen bei Veränderungsprozessen (mit ihren Weggabelungen)" erweitert.

Darüber hinaus bedanke ich mich bei dem Schreiber des Vorwortes – Karl Pilsl – für seine unterstützenden Worte und Kooperation. Danke.

Meiner Frau Evelyn danke ich für ihr Verständnis, Vertrauen und Unterstützung – ihr widme ich auch dieses Buch.

Danke allen.

Eike Clausius

Vorwort von Karl Pilsl zur 5. Auflage

Die meisten Menschen denken bei dem Wort ´Gehalt` an das Thema Geld. Andererseits ist Geld ein Thema, das nur wenige Menschen verstehen, auch wenn Geld fast jeden Aspekt unseres Lebens beeinflusst. Ein Gehalt-Volles Leben zu führen, dazu braucht man auch Geld.

Ich bin immer wieder beeindruckt und schätze mit welcher Klarheit und Verständlichkeit Prof. Dr. Eike Clausius fähig und in der Lage ist wirtschaftliche Zusammenhänge darzustellen.

Manche Menschen sind professionelle "Angstmacher", andere spezialisieren sich auf "geübte Miesmacher". Dessen ungeachtet brauchen wir in herausfordernden Zeiten wie diesen viele "inspirierende Mutmacher" - zu dieser Gruppe gehört Eike Clausius.

Wir leben in einer Zeit, wo die Menschen nichts dringender brauchen als Ermutigung. Vielen Menschen von heute fehlt die Orientierung für die Zukunft und die Massenmedien tun angesichts der Weltfinanzlage ihren Teil zu dieser Orientierungslosigkeit. Als langjähriger Wirtschaftsjournalist (USA) könnte ich dazu einige Stories erzählen.

Manche sind spezialisiert aufs Angstmachen, weil sie glauben, dadurch noch ein paar gute Geschäfte machen zu können, andere sehen ihre Lebensaufgabe darin, alles und jeden um sie herum mies zu machen. Miesmachen schafft keine Attraktivität, sondern genau das Gegenteil. Das vergessen viele und wundern sich, warum sie im Leben nicht weiterkommen.

Ich möchte Sie kurz auf eine Reise nehmen: Wenn Sie lernen wollten ein Flugzeug zu fliegen, wen würden Sie dann fragen, damit man Ihnen das Fliegen beibringt? Jemanden, der noch nie selber als Pilot geflogen ist?

Würden Sie jemanden auf der Straße ansprechen, damit er Ihnen das Fliegen beibringt? Bestimmt nicht! Sie würden sich einen Profi suchen, eine kompetente, qualifizierte Person, die Ihnen vorlebt wie es funktioniert. Der Grund ist klar: Ihr Leben hängt von dessen Fähigkeiten ab.

Prof. Clausius geht mit Ihnen fliegen! Lassen Sie sich mitnehmen auf eine Reise in eine vielleicht für Sie noch unbekannte wirtschaftliche Region, in ein Gebiet, das Ihnen vielleicht vertraut erscheinen und doch Neuland für viele Leser sein wird. Lassen Sie sich mitnehmen in ein Land, in dem Informationen von Mensch zu Mensch getragen werden und dies zum allumfassenden Nutzen aller geschieht.

Es geht um Menschen auf dieser Welt, nicht um Geld.

Es geht immer um die Frage: Was wird aus den Menschen, die mit Ihnen den Weg gehen? Eines steht fest: Die Zukunft gehört den Menschenspezialisten®, denn sie sind die Führungskräfte der Zukunft.

Karl Pilsl

Wirtschaftsjournalist in den USA, internationaler Verleger und Autor von über 30 Büchern zum Thema Leadership, Menschenspezialist®, Umdenken und Neu Orientieren. www.umdenk-akademie.com – www.menschenspezialisten.com

Notizen

*„Wenn Sie anderen helfen,
das zu erreichen, was sie wollen,
werden Sie alles auf dieser Welt erreichen!"*
Zig Ziglar[1]

Einführung

In den letzten Jahrzehnten hat sich wirtschaftlich betrachtet vieles bewegt, besonders in hochtechnologischen Ländern wie den USA, Japan und den europäischen Ländern einschließlich Deutschland. Aufgrund der zunehmenden Globalisierung und dynamischer Märkte wird sich die Beschäftigungssituation anpassen. Was Kindern und Jugendlichen beigebracht wurde – die Suche nach einem dauerhaften Arbeitsplatz – stimmt heute nicht mehr. Die Arbeitswelt hat sich grundlegend verändert!

Vielleicht haben Sie schon einmal erlebt, dass Sie arbeiten und arbeiten, sich dabei aber kontrolliert und gesteuert fühlen. Als Arbeitnehmer realisieren Sie, dass Ihre Lebenszeit vom Arbeitstakt des Unternehmens bestimmt wird, wobei Sie **Lebenszeit gegen Geld tauschen**. Als Unternehmer – gerade in klein- und mittelständischen Unternehmen – haben Sie ebenfalls eventuell das Gefühl fremdbestimmt zu sein durch Ihre **Verantwortung** gegenüber Ihren Beschäftigten aber auch deren individueller gesundheitlicher Befindlichkeiten und Lebenssituation. Sie investieren Ihre gesamte (Lebens-)Zeit in Ihr Unternehmen und nehmen darüber hinaus wahr, dass Sie immer weni-

---

[1] In: (Failla, 2002, S. 35)

ger Zeit für Ihre Familie, Ihre Freunde und für sich haben?

*"Wenn Ihr Unternehmen von Ihnen abhängig ist,
dann besitzen Sie kein Unternehmen,
sondern Sie haben einen Job.
Und das ist der schlimmste Job der Welt,
weil Sie für einen Wahnsinnigen arbeiten."*
Michael E. Gerber

Das ‚Wahnsinnige' besteht darin, da hier jemand etwas glaubte, was nicht der Realität entspricht. Ein echter Unternehmer ist frei. Er nimmt zwar **Verantwortung** wahr, doch ist sein Unternehmen nicht von ihm abhängig.

*Ein wahrer Unternehmer
arbeitet nicht __i n__ seinem Unternehmen,
er arbeitet __a n__ seinem Unternehmen.*
Eike Clausius

Insbesondere die viel beschriebenen ‚Selbständigen', die selbst und ständig arbeiten, kommen oft nicht aus der Falle des **Hamsterrades** heraus. Ihr Leben ist somit oft bestimmt von Ihrer Arbeit. Vielleicht ahnen Sie manchmal, dass das, was Ihnen als Karriereleiter vorschwebt, tatsächlich nur das **Hamsterrad** von innen ist? Wären Sie an einer Chance zur Verbesserung dieser Situation interessiert? Eine solche soll im Folgenden vorgestellt werden.

Werfen wir einen Blick auf einige Möglichkeiten für eine Verbesserung der geschilderten Situation. Stellen Sie sich vor, Sie würden etwas kennenlernen, bei dem Sie . . .

1. *keinen Kapitaleinsatz benötigen,*
2. *geleistete Arbeit adäquat vergütet bekommen,*
3. *Ihren Arbeitsort und Arbeitsplatz frei wählen könnten,*
4. *sich Schritt für Schritt selbstständig machen könnten,*
5. *ohne Einzahlung von Beiträgen – unabhängig von der gesetzlichen Rente – sich eine eigene `finanzielle Quelle´ aufbauen könnten,*
6. *eine vererbbare, finanzielle Absicherung aufbauen könnten,*
7. *ein eigenes globales Team aufbauen könnten somit*
8. *im Mittelpunkt Ihres Lebens stehen.*

Das Konzept, das Ihnen angeboten wird, ist einigen schon bekannt, denn es hat sich entwickelt aus der **Mund-zu-Mund-Propaganda**[2]: Sie empfehlen einen guten Film, ein gutes Buch oder reden mit Menschen über die Qualität Ihres Autos.

Auch in der klassischen Wirtschaft ist bei einigen Unternehmen schon bekannt, dass man Produkt-Empfehlungen durch eine Einmalprovision in Form von einem finanziellen oder materiellen Bonus honoriert.

---

[2] Anmerkung: Der Kunstbegriff ‚Mund-zu-Mund-Propaganda' ist insofern irreführend, da wir mit dem Mund nicht hören können. Es sollte **Mundpropaganda** heißen.

Diese Boni sind oft Dinge wie Kaffeemaschinen oder Heimwerkzeuge. Aber wie viele derartige Maschinen benötigen Sie? Außerdem sind Sie an den Folgegeschäften infolgedessen an Empfehlungen, die aus Ihren Empfehlungen resultieren, nicht beteiligt.

Im Rahmen dieser Veröffentlichung sollen die nachfolgenden Aspekte beleuchtet werden:

1. *Wie funktioniert ein solches Marketing von Empfehlungen?*
2. *Wie lassen sich Empfehlungen einordnen in das Konzert unterschiedlicher Vertriebswege?*
3. *Wie lässt sich Marketing von Empfehlungen sowohl qualitativ in seinem Aufbau als auch quantitativ in seinen finanziellen Facetten darstellen?*
4. *Welche Perspektiven gibt es, sich mit dieser Form des Marketing ein `ZWEITES GEHALT´ aufzubauen?*
5. *Welche persönlichen Freiheiten könnten Sie sich und anderen schaffen und damit ein selbstbestimmtes Leben zu führen?*

Auf diese und weitere Fragen sollen im Folgenden Antworten gefunden werden.

*„Wenn Du erfolgreich sein willst,
dann musst Du neue Wege einschlagen
und nicht auf den ausgetretenen Wegen
des gemeinhin akzeptierten Erfolgs marschieren."
John D. Rockefeller*

Vorstellung von Vertriebswegen

Übersicht

Die folgende Abbildung verdeutlicht, welche Einteilungsmöglichkeiten von Vertriebswegen es in Bezug auf das hier vorzustellende Konzept des Marketings durch Empfehlungen (**Empfehlungsmarketing**) gibt.

Einteilungsmöglichkeit von Vertriebsformen
in Bezug auf Empfehlungsmarketing

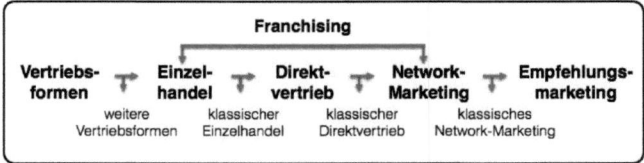

Es werden relevante Vertriebswege aufgezeigt, die als Weg zum Empfehlungsmarketing betrachtet werden können. Vernachlässigt werden dabei weitere Vertriebsformen, wie beispielsweise der Großhandel. Der Einzelhandel stellt somit eine erste mögliche Vertriebsform dar, die sich in klassischen Einzelhandel und Direktvertrieb untergliedern lässt. Folgt man diesem Prinzip, wird eine Entwicklung zum Empfehlungsmarketing über Direktvertrieb und Network-Marketing deutlich. Ferner soll Franchising als ein weiteres Vertriebssystem beschrieben werden, welches sich in diese Entwicklung einreiht. Hier werden im Grunde

Aspekte von (Vertriebs-)Netzwerken mit dem Einzelhandel kombiniert.

Klassischer Einzelhandel

Beim Vertriebsweg des **klassischen Einzelhandels** werden Waren vom Hersteller über den **Großhandel**, den **Zwischenhandel** und den **Einzelhandel** zum Kunden bewegt. Dabei sind Großhändler oft im Ausland agierende Unternehmen, die Waren importieren oder Exporteure, die Waren ausführen. Zwischenhändler befinden sich in der Regel im Inland und verteilen diese Waren weiter an den Einzelhandel.

Zusammensetzung eines Kundenpreises – Einzelhandel

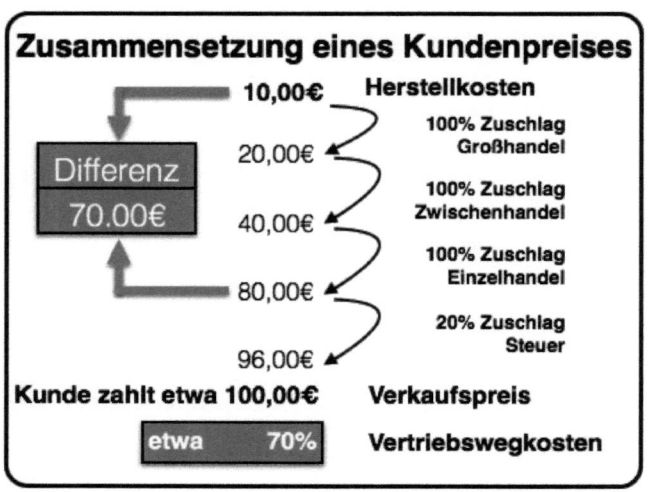

Der **Bruttopreis** – der Preis, den stets der Kunde zahlt –, ist der um einen MWST-Satz erhöhte **Netto-**

preis. Diesen Sachverhalt zeigt die Abbildung ‚**Zusammensetzung eines Kundenpreises – Einzelhandel**'. Der Kunde muss somit die Kosten für die Herstellung sowie für die Vertriebsteilnehmer zahlen. Das heißt, etwa 70% des Endpreises werden durch den Vertriebsweg über Groß-, Zwischen- und Einzelhandel bestimmt!

Einzelhändler sind in der Regel diejenigen, die das größte Risiko tragen. Sie müssen Waren vorfinanzieren, so wie Mieten für Läden und zusätzliche Aufwendungen für Strom, Gas und Wasser zahlen und Gehälter für Angestellte und etliche Sozialabgaben, Versicherungen und Beiträge entrichten. Folglich fließt neben Geld vor allem erhebliche **(Lebens-)Zeit** in die Planung all dieser Aktivitäten.

Viele Einzelhändler können das bestimmt nachvollziehen, da sie aufgrund des Geschilderten oft finanziell und zeitlich unter Druck stehen. Andererseits können diese **Investitionen** unter den richtigen Voraussetzungen erfolgreich sein und zu finanzieller Unabhängigkeit führen.

Franchise

Beim Franchising hat sich der Hersteller beziehungsweise Franchise-Geber von Waren entschieden, diese über ein komplett erprobtes Geschäftsmodell zu vermarkten. Das kann als Systemgeschäft – beispielsweise Systemgastronomie – bezeichnet werden. Die Marke und das Geschäftskonzept sind bekannt, jedoch ist der ‚Selbstständige' weisungs- und konzeptgebunden gegenüber dem Franchise-Geber und hat somit keine absolute Entscheidungsfreiheit über die Vermarktung der Waren.

Hier haben Unternehmer beziehungsweise Franchise-Nehmer die Freiheit das Personal, regionale Werbung oder die Anmietung von Räumen selbst zu gestalten. Ansonsten sind sie an die Vorgaben des Franchise-Systems und deren Umsetzung gebunden. Veränderungen müssen mit dem Franchise-Geber konzeptionell abgestimmt werden. Diese Sicherheit eines bestehenden und funktionierenden Konzeptes beschränkt allerdings die unternehmerische Entscheidungsfreiheit. Die Stärke dieses Vertriebsweges ist das weltweit gleiche Warensortiment und Erscheinungsbild der Marke am Markt.

Franchise-Nehmer zahlen eine einmalige **Einstiegsgebühr**, die sich durchaus in 6-7-stelligem €-Bereich befinden kann. Diese umfasst das Geschäftskonzept und die Leistungen des Franchise-Gebers mit Markennutzung[3], Produkt- und System-Know-how sowie Marke-

---

[3] Vgl. (Clausius & Schütz, 2014)

ting. Überdies findet eine Umsatzbeteiligung des Franchise-Gebers statt.

Direktvertrieb

Der Hersteller hat sich bei dem Direktvertrieb entschieden, seine Waren über Vertriebspartner zu verteilen. Beim **klassischen Direktvertrieb** kaufen selbstständige Vertriebspartner (auch Berater genannt) Waren beim Hersteller und verkaufen diese an Kunden weiter, die wiederum den **Bruttopreis** der Ware zahlen.

Zusammensetzung eines Kundenpreises – Direktvertrieb

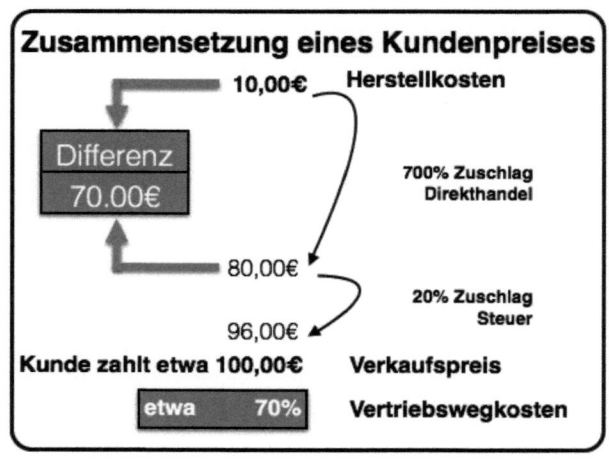

Meist handelt es sich um **erklärungsbedürftige Gebrauchsgüter**[4] die wiederholt über mehrere Jahre verwendet werden – so beispielsweise Industriemaschinen, Autos oder Kameras. Der Hersteller liefert die Waren an seine Vertriebspartner, die sein Ver-

---

[4] Vgl. (Clausius, 2014, S. 19),

trauen genießen und oft einem örtlichen, regionalen oder länderspezifischen Gebietsschutz erfahren.

Der Aufbau einer eigenen Vertriebsstruktur ist zulässig und sogar erwünscht. Das heißt, der Vertriebspartner kann selbstständig arbeiten oder aber eigene Mitarbeiter einstellen, die ihn beim Beratungs- und Verkaufsprozess unterstützen. Der Vertriebspartner kauft in der Regel Waren mit 30-50% Rabatt beim Hersteller ein und verkauft diese mit entsprechenden Aufschlägen an seine Kunden weiter. Er muss ein absoluter Produktfachmann sein, damit er den Kunden auch tatsächlich beraten kann.

Bei **Gebrauchsgütern** wie beispielsweise Staubsaugern macht er dies einmalig und die Waren werden über mehrere Jahre genutzt. Bei **Verbrauchsgütern** wie beispielsweise den passenden Staubsaugerbeuteln muss er seine Kunden üblicherweise regelmäßig motivieren, die Originalware zu erwerben[5]. Kunden müssen ständig neu akquiriert werden, wobei der Zeitfaktor eine große Einschränkung darstellen kann. Somit wird auch im Direktvertrieb wie im Einzelhandel ständig (Lebens-)Zeit gegen Geld getauscht.

Der Großteil des Verkaufspreises bleibt beim Berater, wovon er jedoch oft Mitarbeiter mit Fixgehältern und/ oder variablen Anteilen entlohnen muss. Hohe Verkaufspreise können in dieser Vertriebsform hohe Provisionen nach sich ziehen und somit hohe Einkommen generieren.

---

[5] Vgl. (Clausius, 2014, S. 19)

Network-Marketing

Das **klassische Network-Marketing (NWM)** oder **Multi-Level-Marketing (MLM)** ist eine spezielle Form des **Direktvertriebs**, bei dem die Waren direkt vom Hersteller über Vertriebspartner zum Kunden geliefert werden. Network-Marketing ist eine legale Form des Direktvertriebs[6], bei dem rechtlich die Vertriebspartner Waren einkaufen, physisch werden sie vom Hersteller zum Kunden geliefert. Sinnhaft zu vermarkten sind erklärungsbedürftige, geringpreisige Gebrauchsgüter oder Verbrauchsgüter, die durch die Vertriebspartner nicht ständig promotet werden müssen. Eine eigene Vertriebsorganisation aufzubauen ist zulässig und wird erwartet, da gerade Gebrauchsgüter aufgrund ihrer Langlebigkeit eine ständige Neuakquirierung benötigen. Das heißt, Gebrauchsgüter werden über einen langen Zeitraum genutzt, wodurch stetig neue Kunden gefunden und zum Kaufen überzeugt werden müssen.[7]

Network-Marketing umfasst somit sowohl den Verkauf als auch die Vermittlung von Gütern durch Verkaufsrepräsentanten direkt an den Endverbraucher. Außerdem ist es mit der Möglichkeit des Aufbaus einer eigenen Vertriebsorganisation verbunden.[8]

---

[6] Vgl. (Sales, 2016)
[7] Vgl. (Clausius, 2014, S. 19)
[8] Vgl. (Zacharias, Michael (Bundesverband, 2005))

Empfehlungsmarketing

Im Empfehlungsmarketing werden Menschen aufgebaut und dazu wird ein Geschäft genutzt, in der sonstigen Geschäftswelt werden Geschäfte aufgebaut und dazu werden Menschen benutzt.
In Anlehnung an: Richard DeVos sowie Karl Pilsl[9]

Empfehlungsmarketing unterscheidet sich völlig vom **klassischen Direktvertrieb** und **klassischen Network-Marketing,** zumal die Meisten von uns es bereits betrieben haben, allerdings ohne dafür eine Vergütung zu erhalten. Wenn Sie beispielsweise eine beeindruckende Reise mit einem Reiseveranstalter gemacht haben, dann ist es das „Normalste der Welt"[10] diesen weiterzuempfehlen. Sie erzählen Ihren Freunden und Bekannten davon – ohne Hintergrundwissen und ohne vorher ‚geübt zu haben'. Sie reden darüber, weil Sie von dem Erlebten begeistert sind. Diese ‚**Mundpropaganda**' ist Empfehlungsmarketing. Sie geben einem Freund oder Bekannten eine positive Erfahrung weiter, weswegen Sie völlig glaubwürdig sind.

---

[9] Vgl. dazu: „…Wir bauen kein Geschäft auf und benutzen dazu Menschen. Wir bauen Menschen auf und benutzen dazu ein Geschäft." (Pilsl, 2013)
[10] (Steiner, 2014, S. 69)

Robert T. Kiyosaki nennt in seinem Buch "Das Geschäft des 21. Jahrhunderts"[11] acht Gründe, weshalb Network-Marketing in der Ausprägung des Empfehlungsmarketings das Leben von Menschen erfüllter macht und Ihre Zukunft sichern kann:

1. *Praktische Wirtschaftsausbildung,*
2. *gewinnbringender Weg zum inneren Wachstum,*
3. *Freundeskreis mit gleichen Werten und Träumen,*
4. *die Macht des eigenen Netzwerks,*
5. *ein duplizierbares, voll skalierbares Geschäft,*
6. *unvergleichliche Führungsqualitäten,*
7. *ein Mechanismus zum Schaffen echten Wohlstandes sowie*
8. *große Träume und die Fähigkeit sie zu leben.*

Das **Empfehlungsmarketing** unterscheidet sich insofern vom Network-Marketing, dass Empfehlungsgeber ausschließlich Provisionen für deren Empfehlungen vom Hersteller der Waren erhalten.

Jedes Empfehlungsmarketing
ist ein Network-Marketing,
aber nicht jedes Network-Marketing
ist ein Empfehlungsmarketing.
Eike Clausius

Ein Verkauf findet im Empfehlungsmarketing nicht statt und ist auch nicht sinnhaft, da alle Produktnutzer den gleichen Einkaufspreis zahlen. Waren werden hierbei legal nie an Menschen verkauft. Erfolgreiche

---
[11] (Kiyosaki, 2012)

Menschen im Empfehlungsmarketing zeichnen sich daher wenig durch deren Verkaufsfähigkeiten, sondern mehr durch ihr systematisches Vorgehen und durch einen hohen Anteil an Emotionaler Intelligenz aus.[12] Empfehlungsmarketing ist gerade bei **Verbrauchsgütern** sinnhaft.

Es stellt sich die Frage: Auf welche **Eigenschaften der Waren**, die für Empfehlungsmarketing geeignet sind, sollten Sie achten?

Die Waren sollten:

1. *Verbrauchsprodukte mit einem persönlichen Nutzen sein,*
2. *mittelfristig lagerfähig (1 Jahr) sein,*
3. *innovativ sein,*
4. *beliebig teilbar,*
5. *zu einer Zukunftsbranche beziehungsweise einem Zukunftsmarkt mit Wachstumspotenzial gehören,*
6. *nicht an den Erwerb einer Lizenz oder Jahresgebühr gebunden sein und*
7. *direkt vom Hersteller beziehbar sein.*

Sind diese Kriterien erfüllt, so können Sie davon ausgehen, dass Sie es mit einem erfolgreichen und erfolgserprobten Empfehlungsmarketing-Geschäft zu tun haben. Darüber hinaus sollte ein Unternehmen nachweisen können, dass es tatsächlich in der Lage ist, Menschen in die finanzielle Unabhängigkeit zu führen.

---

[12] Vgl. (Clausius, 2015)

„Kapital lässt sich beschaffen,
Fabriken kann man bauen,
Menschen muss man gewinnen."
Hans Christoph von Rohr[13]

Vertriebswege im qualitativen Vergleich

Kriterienbezogene Gegenüberstellung von Vertriebswegen

In diesem Abschnitt werden die bereits vorgestellten Vertriebswege – Einzelhandel, Franchising, Network-Marketing und Empfehlungsmarketing – anhand von unterschiedlichen Kriterien gegenübergestellt und verglichen.

Die nachfolgende Tabelle zeigt qualitative Aspekte auf, wobei auf diverse Vorzüge und Nachteile der einzelnen Vertriebsmöglichkeiten eingegangen wird. Einige Merkmale werden im Folgenden exemplarisch erläutert. Betrachten wir zunächst den Aspekt **Lizenzgebühren**. Als Franchisenehmer zahlen Sie in der Regel eine relativ hohe Summe, entweder einmalig oder regelmäßig zu festgesetzten Zeitpunkten. Dafür werden Ihnen bestimmte Leistungen zur Verfügung gestellt. Als Einzelhändler müssen Sie ebenfalls Ihr eigenes Marketing-Konzept aufbauen, zahlen dafür aber keine Lizenzgebühren, sondern investieren selber in ein entsprechendes Konzept. Sie sind selbstständig tätig. Diese selbständige Tätigkeit trifft auch für jene zu, die im Network-Marketing arbeiten.

---

[13] In: (Rohr, 2015)

Gegenüberstellung von Franchise – (Einzel-)Handel – Network-Marketing und Empfehlungsmarketing[14;15;16;17]

Bezeichnung	(Einzel-)Handel	Franchise	Network-Marketing	Empfehlungsmarketing
Lizenzgebühren	nein	hoch	niedrig	nein
Ladenausstattung	hoch	hoch	niedrig	nein
Standortgebunden	ja	ja	nein	nein
Fixkosten	hoch	hoch	produktabhängig	nein
Angestellte	möglich	ja	nein	nein
Bankkredite erforderlich	möglich	ja	möglich	nein
Berufserfahrungen erforderlich	ja	ja	nein	nein
Einkommenslimit	ja/ strukturabhängig	ja	ja/ Ebenenbegrenzung	nein
Marketingplan ausgerichtet auf...	Produktumsatz	Produktumsatz	Verkauf	Empfehlung
Abonnementsysteme vorhanden	nein	nein	ja	ja
Handelsspanne	ja	ja	möglich	nein
Umsatzrenditen	niedrig	niedrig	mittel	hoch
Ausbildung/ Weiterbildung	kostenintensiv	kostenintensiv	niedrig	niedrig/ kostenlos
Club	Sales-Club/ Strukturvertrieb	Franchise-Club	Sales-Club	Consumer-Club
Existenzplan	individuell	Fertigexistenz	Fertigexistenz	Fertigexistenz
im Mittelpunkt steht	Geschäft	Geschäft	Geschäft/ Mensch	Mensch
im Besitz von	Aktionären/ Privatbesitz	Aktionären	Aktionären/ Privatbesitz	Privatbesitz
Lieferung der Güter über	Geschäft/ Hersteller	Geschäft	Hersteller	Hersteller

---

[14] In Anlehnung an: (Ihringer, 2014).

[15] **Sales-Clubs** sind Zusammenschlüsse von Lieferanten und deren Vertriebsteilnehmern.

[16] **Franchise-Clubs** sind Zusammenschlüsse von Franchisegebern und Franchisenehmern zur Schaffung einer guten Kommunikationsstruktur zwischen beiden Teilnehmern.

[17] **Consumer-Clubs** sind Zusammenschlüsse von Anbietern und Nachfragern um kompetente Beratung, gemeinsame Rabatte sowie weitere Dienstleistungen zusammenzuführen.

Dabei fallen in der Regel niedrige Lizenzgebühren an, welche die Nutzung des vorhandenen Marketing-Konzepts abdecken. Im Falle des Empfehlungsmarketings gibt es in der Regel keine Lizenzgebühren und die Nutzung vorhandener Marketing-Konzepte – einer **Fertigexistenz** – wird kostenlos zur Verfügung gestellt.

Ein weiteres, wesentliches Unterscheidungskriterium ist der **Standort**. Während Sie im Franchising und im Einzelhandel ortsgebunden sind, bieten Ihnen Network- und Empfehlungsmarketing die Möglichkeit, weltweit aktiv zu sein.

Große Unterschiede der Vertriebswege werden auch bezüglich der **Angestellten** sichtbar: Bei der Nutzung eines Franchise-Konzepts ist es üblich und meist notwendig, mehrere Angestellte zu beschäftigen. Dies bringt Sie in die zuvor beschriebene Situation, von deren gesundheitlicher Situation und persönlich individueller Situation abhängig zu sein. Im Einzelhandel ist es von der Größe und Art Ihres Geschäfts abhängig, ob Sie viele, wenige oder keine Angestellten beschäftigen. Sollte die Größe Ihres Unternehmens mehrere Angestellte fordern, befinden Sie sich in derselben Situation wie beim Franchise-Konzept. Arbeiten Sie allein, stehen Sie vor einer weiteren Herausforderung: Machen Sie Urlaub, macht auch Ihr Einkommen Urlaub. Sind Sie krank, macht Ihr Einkommen weiterhin Urlaub. Im Network-Marketing sowie im Empfehlungsmarketing haben Sie in der Regel keine Angestellten. Auch Ihre persönliche Situation ist, insbesondere beim Empfehlungsmarketing, entlastet, was in folgenden Kapiteln noch deutlicher herausgestellt werden wird, denn es fließt bei systematischem Aufbau Ihres Netzwerks auch weiterhin Geld.

Kommen wir im Folgenden zum Kriterium des **Einkommenslimits**. Ihr Einkommen ist im Franchising beschränkt, bedingt durch beispielsweise Öffnungszeiten, Arbeitszeiten und der Größe des Geschäfts. Einzelhandel und Network-Marketing sind ebenfalls einkommensmäßig begrenzt. Dem Einzelhandel liegt eine Struktur zugrunde, die von einem einzelnen Geschäft bis zu einer kleinen Kette von Geschäften reichen kann. Ab einer bestimmten Mitarbeiterzahl wird dies jedoch nicht mehr von einer Person zu führen sein. Im Network-Marketing gibt es eine andere Beschränkung: Diese kommt aufgrund der Vergütungspläne zustande, welche in einer bestimmten Ebene der Teilnehmer abbrechen und keine Provisionen mehr ausschütten. Lediglich im Empfehlungsmarketing bestehen solche Beschränkungen nicht, d.h. der Empfehlende verkauft nicht.

Die **Handelsspanne** bezeichnet prinzipiell einen prozentualen Aufschlag auf ein Produkt, bevor es weiterverkauft wird. Solche Aufschläge sind sowohl im Franchising als auch im Einzelhandel vorhanden. Beim Network-Marketing sind solche Aufschläge möglich, die Entscheidung wird jedoch in der Regel individuell getroffen. Im Empfehlungsmarketing hingegen werden alle Produkte zum gleichen Preis am Markt angeboten. Der Empfehlende selbst verkauft nicht.

Betrachten wir **Weiterbildungsmaßnahmen**, fällt auf, dass es insbesondere im Bereich des Empfehlungsmarketings deutliche Vorteile gegenüber den anderen Vertriebswegen gibt. Die Kosten für solche Veranstaltungen oder Material, welches zum Beispiel online zur Verfügung gestellt wird, müssen nicht vom Empfehlenden getragen werden. Im Network-Marketing werden in der Regel auch vielfältige Weiterbildungsmöglichkeiten angeboten, diese gehen gewöhnlicherweise allerdings mit einer Kostenbeteiligung einher. Sowohl im Einzelhandel als auch im Franchising sind derartige Maßnahmen üblicherweise selbst zu tragen.

Ein letzter interessanter Punkt, der an dieser Stelle beleuchtet werden soll, behandelt die **Relation von Menschen und Geschäft**. Während bei den meisten Unternehmen (und so auch im Einzelhandel, Franchising und oft beim Network-Marketing) das Geschäft im Mittelpunkt steht, werden im Empfehlungsmarketing neue Wege beschritten. An dieser Stelle sei auf das Zitat von Richard DeVos verwiesen: Im Empfehlungsmarketing werden Menschen aufgebaut und dazu wird ein Geschäft genutzt, in der sonstigen Geschäftswelt werden Geschäfte aufgebaut und dazu werden Menschen benutzt. Was ist damit gemeint? Der Mensch steht im Mittelpunkt!

Es ist wahrscheinlich nachvollziehbar, dass sowohl im Einzelhandel als auch im Franchising Menschen notwendig sind, damit das Geschäft funktionieren kann. Im Empfehlungsmarketing werden diese Menschen jedoch aufgebaut. Durch den Prozess der zunehmenden Systematisierung und Professionalisierung Ihrer

Empfehlungen entwickeln Sie sich persönlich weiter. Dies ist ein stetiger Prozess, der sich beispielsweise auf Ihre kommunikativen und unternehmerischen Fähigkeiten auswirkt. Damit geht folglicherweise einher, dass Sie anderen Menschen das **Konzept des Empfehlungsmarketings** nahebringen und diese ebenfalls beginnen, sich in genannten Bereichen zu entwickeln: Sie geben zum einen eine Empfehlung für eine Ware weiter, welche Sie selbst schätzen und nutzen. Zum anderen geben Sie eine weitere Möglichkeit weiter – die Möglichkeit, das Empfehlen selbst auszuprobieren und sich dabei zu verbessern und persönlich zu entwickeln. An dieser Stelle wird auch deutlich, dass **Lernbereitschaft** und die **Offenheit** gegenüber Neuem im Empfehlungsmarketing sehr wichtig sind.

Personenbezogene Gegenüberstellung von Vertriebswegen

In diesem Abschnitt sollen einige Kriterien vorgestellt werden, in denen sich Arbeitnehmer, Unternehmer und Empfehlungsmarketer unterscheiden.

Gegenüberstellung von Arbeitnehmern – Unternehmern – Empfehlungsmarketern[18]

Kriterien	Arbeitnehmer	Unternehmer	Empfehlungsmarketer
Arbeitszeit	38 – 40 Stunden-Woche	50 – 80 Stunden-Woche	10 – 40 Stunden-Woche
Urlaub	25 – 30 / vertraglich geregelt	oft schwer planbar, wenig	freie Selbstbestimmung
Betriebliche Situation	Abhängigkeit und oftmals geringe Motivation	Unabhängigkeit, aber oftmals extremer Stress und schwierige ökonomische Rahmenbedingungen, oft auch auf sich allein gestellt	weitgehende Unabhängigkeit und freie Zeiteinteilung, Mentoren/Ansprechpartner, stehen wenn gewünscht begleitend/unterstützend zur Seite
Einkommen (monatlich)	400€ – 6.000€	1.000€ – 20.000€ plus	300€ – 30.000€ plus

Bereits bei Betrachtung der **Arbeitszeiten** sind deutliche Unterschiede festzustellen. Als Arbeitnehmer haben Sie die 'übliche 40-Stunden-Woche'. Dabei gibt es in der Regel wenig Spielraum beziehungsweise Flexibilität.

Als Unternehmer haben Sie, insbesondere während der Gründungsphase, oft eine wöchentliche Arbeitszeit von weit über 40 Stunden. Die Arbeit wird unterproportional zum Zeitaufwand vergütet. Beim Empfehlungsmarketing ist der Arbeitsaufwand direkt proportional zum finanziellen Erfolg. Darüber hinaus

---

[18] In Anlehnung an: (Ihringer, 2014).

können Sie von Menschen, die 'wissen wie es geht' – **Mentoren** –, unterstützt werden.

Die Tabelle macht deutlich, dass gegenüber den anderen betrachteten Marktteilnehmern im Empfehlungsmarketing ein deutlich geringerer Grundzeitaufwand notwendig ist. Dies ist nachvollziehbar, wenn man die im vorherigen Abschnitt präsentierten Kriterien wie die **Fertigexistenz** und damit die Möglichkeit der Nutzung eines existenten Marketing-Konzepts betrachtet.

Diese Flexibilität spiegelt sich in ähnlicher Weise auch bei der Betrachtung der **Urlaubsmöglichkeiten** wieder. Während der Arbeitnehmer festgelegte Urlaubszeiten hat, auf die er zurückgreifen muss, können sich Unternehmer sowie Empfehlungsmarketer selbst entscheiden, wann, wie viel und ob sie Urlaub machen wollen. Dabei erhält man als Empfehlungsmarketer jedoch stets seine monatliche Provision – das `ZWEITE GEHALT' – was bei Unternehmern in der Regel nicht der Fall ist.

Hoch interessant ist ein Vergleich der jeweiligen **betrieblichen Situationen** zwischen Arbeitnehmern und ihrem Unternehmen. Eine Gallup Studie von 2016 ermittelte, dass durchschnittlich um die 70 Prozent der Arbeitnehmer eine `unengagierte Grundhaltung' gegenüber dem Arbeitgeber beziehungsweise dem Unternehmen besitzen. 15 Prozent haben die innerliche Kündigung bereits vollzogen.[19]

---

[19] (Gallup GmbH & Financial Times Deutschland, 2017)

Emotionale Bindung der Arbeitnehmer an ihren Arbeitsplatz[20]

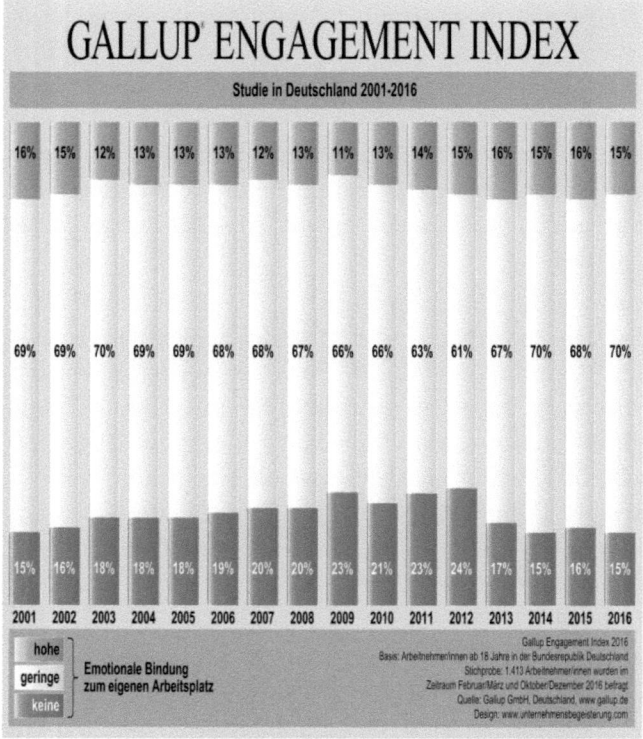

In anderen Worten lässt sich sagen, dass um die 85% der Arbeitnehmer keine Freude an ihrer Tätigkeit haben. Viele denken deshalb über Alternativen nach.

---

[20] (Gallup GmbH & Financial Times Deutschland, 2017)

Unternehmer leiden oft unter extrem hohem Stress. Sie haben täglich mit bürokratischen Barrieren, immensen Steuerbelastungen und schlechten, oft wechselnden wirtschaftlichen Rahmenvorgaben zu kämpfen, statt stetiger politischer Rahmenbedingungen. **Investitionen** werden durch Banken oft erschwert oder im schlimmsten Fall sogar behindert.

Im **Empfehlungsmarketing** hingegen profitieren Sie von der Möglichkeit einer freien Zeiteinteilung und der bereits erläuterten Ortsungebundenheit. Man kann dieser Tätigkeit sowohl haupt- als auch nebenberuflich nachgehen. Sie sind in der Lage, sich ein individuelles Arbeitsumfeld zu schaffen, in dem vor allem die Kommunikation mit anderen Menschen im Mittelpunkt steht. Dabei können Sie sich aussuchen mit welchen Menschen Sie Kontakt haben und zusammenarbeiten möchten. Sie erschaffen sich Ihr eigenes Arbeitsumfeld mit den Menschen, denen Sie die Chance des Empfehlungsmarketings geben möchten! Klassische Büroarbeiten, wie beispielweise Rechnungen schreiben, Buchführung[21], Lagerhaltung oder Mitarbeiterplanung entfallen beinahe gänzlich, da diese vom Empfehlungsmarketing-Geber übernommen werden.

Zuletzt sollen die **monatlichen Einkommen** vergleichsweise betrachtet werden: Als durchschnittlicher Arbeitnehmer kennen Sie vielleicht das Problem, dass Ihnen am Ende des Monats höchstens ein **frei verfügbares Netto-Einkommen** von 500€ zur persön-

---

[21] Vgl. (Clausius, 2016a); (Clausius, 2016b)

lichen Verfügung übrigbleiben. Manchmal ist es sogar schwierig, finanziell über die Runden zu kommen.

Kleinunternehmer sehen sich oft mit dem Problem eines geringeren Gewinns gegenüber einem Arbeitnehmergehalt konfrontiert. Sie sind den bereits beschriebenen Belastungen von langen Arbeitszeiten, wenig Urlaub und weiteren betrieblichen Situationen wie extremem Stress ausgesetzt.

Ein durchschnittlicher Unternehmer kann durchaus auf 5.000€ - 15.000€ kommen, nur die wenigsten Top-Verdiener erhalten mehr als 20.000€ im Monat. Diese **Unternehmereinkommen** sind – im Gegensatz zu jenen der Arbeitnehmer – jedoch **Brutto-Einkommen**, von denen Sozialversicherungsbeiträge und weitere Abgaben noch abfließen.

Durchschnittliche **Nebenberufler im Empfehlungsmarketing** erhalten zwischen 300€ und 1.500€. **Hauptberufler im Empfehlungsmarketing** können nach adäquatem Zeitaufwand auf ein Einkommen zwischen 5.000€ und 25.000€ kommen. **Professionelle Empfehlungsmarketer**, die konsequent mit den Empfehlungsmarketing-Konzepten arbeiten, erreichen sogar monatliche Einkommen von weit über 30.000€.

Herausforderung der Selbstständigkeit

An dieser Stelle sei zu Anfang eine kleine Anekdote eingeschoben: Es gibt immer wieder Menschen, die davon träumen, sich selbstständig zu machen – Unternehmer zu sein. Der Traum ist Selbstverwirklichung und Selbstbestimmung, wie Maslow es beschreibt[22] und die damit einhergehende, größere Freiheit. Doch dann enden Sie im Selbst und Ständig, Arbeit ohne Ende und doch keine Freiheit mehr.

Wenn wir dagegen Arbeitsnehmer vergleichen, dann haben diese jede Woche zwei freie Tage sowie gesetzliche Feiertage, das heißt, bei 52 Wochen im Jahr sind es etwa zwischen 115 und 120 freie Tage – ohne Einbezug von gesetzlich geregelten Urlaubstagen. Arbeitnehmer können also mit circa 150 freien Tagen pro Jahr rechnen.

„Und Sie haben sich selbständig gemacht?" Haben Sie wirklich mehr Freiheit, mehr Selbstbestimmung, mehr Selbstverwirklichung und mehr Reichtum?

Nehmen wir an, **wahrer Reichtum** wäre die Freiheit und Fähigkeit das eigene Leben nach den eigenen Wünschen und Träumen zu gestalten. Da ergibt sich die Frage, wie das verwirklicht werden kann.

Was könnte es nun sein, dass Sie davon abhält sich im Empfehlungsmarketing selbstständig zu machen?

Menschen sind von ihrem eigenen Umfeld geprägt. Vielleicht haben Sie erlebt, dass Ihre Eltern für Andere gearbeitet haben und wollen nun das Gleiche tun.

---

[22] Vgl. (Clausius, 1998, S. 12), (Clausius, 2014, S. 21),

Sie folgen dem Vorbild der Eltern. Wenn Sie jedoch selbst bestimmen wollen, wie Sie in Zukunft leben möchten, dürfen Sie Ihre Gedanken für verändernde Entwicklungen öffnen und ausgetretene Wege verlassen. Sie treffen die Entscheidung über Ihr Leben.

Herausforderungen unserer Zeit, wie Arbeitslosigkeit, Bankenkrise oder Umweltzerstörungen, werden nicht von jenen gelöst werden können, die sie geschaffen haben. Nur wenn Menschen bereit und in der Lage sind, **Verantwortung** für zukünftige Generationen zu übernehmen, können Dinge in der Welt verändert werden.[23] Ebenso verhält es sich mit der Offenheit gegenüber neuen Geschäftsmodellen und der **Verantwortung** gegenüber Ihren Geschäftspartnern.

Angenommen jedoch, zwischen Ihnen und dem Selbstständigkeitsdasein steht ausschließlich ein Hindernis: **Angst**.

Die Angst, dass eine Unternehmensgründung ohne jemanden an Ihrer Seite viel Geld und Zeit kostet und ein nicht einschätzbares Risiko mit sich bringt. Sie glauben, dass Sie immense Geldsummen benötigen, in den ersten Jahren sechzig bis achtzig Stunden pro Woche arbeiten und Ihr ‚gesichertes' Angestellten- oder Beamtengehalt aufgeben müssten. Sie würden also das aufgeben, womit Sie Ihren Lebensunterhalt bestritten und was Sie bisher als ‚Sicherheit' wahrgenommen haben. Sie nehmen auch an, dass es Ihnen an Erfahrungen in der Gründung eines Unternehmens und der Wirtschaft im Allgemeinen fehlt. Vielleicht

---

[23] Vgl. (Clausius, 2012)

nehmen Sie an, dass Sie zunächst ein **Existenzgründungsseminar** besuchen müssten, denn auch Dinge wie Unternehmensführung, Finanzierung und **Investitionen**[24] oder betriebliches Rechnungswesen[25] sind Ihnen nicht vertraut. Auch besteht eventuell die Sorge, dass Sie auf diesem Weg allein und ohne Unterstützung eines Partners oder Mentors sind.

Diese Ängste bleiben Ihnen bei einer Tätigkeit im Empfehlungsmarketing erspart: Sie können diese aus der ‚gesicherten' Existenz eines bestehenden Arbeitsverhältnisses heraus beginnen, brauchen finanziell nicht zu investieren und benötigen anfangs lediglich ein paar Stunden in der Woche. Sollte es nicht klappen, haben sie immer noch die vermeintliche ‚Sicherheit' Ihres gegenwärtigen Arbeitsplatzes. Auch haben Sie die Möglichkeit der permanenten Unterstützung durch Mentoren, so Sie diese denn wollen.

Wollen Sie sich von der Qualität der Waren Ihres Empfehlungsmarketing-Unternehmens zunächst überzeugen, so verwenden Sie diese auf jeden Fall selbst. Bedenken Sie in diesem Zusammenhang auch, dass ein Gastronom kein Geschäft aufbaut, um möglichst viel zu essen, sondern des geschäftlichen Erfolges wegen. Er ist nicht zwangsläufig selbst sein bester Kunde. Sie dürfen auf die Erlebnisse und Erfahrungen anderer bauen und diesen vertrauen. Mit einer guten Mischung aus eigenen Erfahrungen und Referenzen

---

[24] Vgl. (Clausius, 1999)
[25] Vgl. (Clausius, 1998)

anderer, könnten Sie derartige Unsicherheiten abbauen.

Der Erfolg kommt durch ‚Tun'

Bei der Gründung traditioneller Unternehmen wird in der Regel erst nach einigen Jahren eine **Kostendeckung** erwartet sowie eventuell in den ersten fünf Jahren die **Amortisation** der ursprünglichen Investition. Wird Empfehlungsmarketing betrieben, wird häufig erwartet, dass im ersten Monat den geldlichen Einsatz wieder zurückbekommt, im zweiten Monat Gewinne macht und im dritten Monat reich wird. Wenn dies dann nicht geschieht, dann wird das Empfehlungsmarketing dafür verantwortlich gemacht. Diese **Mär vom schnellen Reichtum** im Empfehlungsmarketing wird hier klar widersprochen.

Beständigkeit schlägt Geschwindigkeit.
Eike Clausius

Im Empfehlungsmarketing kommt es selten vor, dass jemand sofortigen Erfolg hat. Es geht um einen langfristigen Aufbau kontinuierlichen und stetigen Erfolges.

Durch eine einfache und systematische Vorgehensweise ist es möglich, in drei bis vier Jahren ein Einkommen zu schaffen, für das Sie in der ‚normalen Geschäftswelt' in der Regel 30 bis 40 Jahre benötigen.

Gegenwärtig ‚schuften' die meisten Menschen 30 bis 40 Jahre für einen Arbeitgeber, um dann endlich im Rentenalter, große Reisen zu unternehmen'. Bei gegenwärtiger deutscher Rechtslage bedeutet das jedoch, diese Reisen mit weniger als 50% des letzten Nettogehalts finanzieren zu müssen. In anderen Worten fehlt Ihnen zuerst die Zeit und im schlimmsten

Fall später das Geld. Empfehlungsmarketing könnte Ihnen ermöglichen Ihre Ziele, Wünsche und Träume in kürzerer Zeit als oben beschrieben zu realisieren. Der nachhaltige Erfolg im Empfehlungsmarketing entsteht durch kontinuierliche, systematische Aktivitäten, die erfolgreich sind, wenn sie ‚gut durchgeführt' werden.

Wenn jemand von ‚**schnellem Erfolg**' im Empfehlungsmarketing berichtet, so ist dies meist vor einem besonderen Hintergrund geschehen. Personen, die außergewöhnlich schnell die Führungsebene im Empfehlungsmarketing erreichen, haben oft eine Vorgeschichte. Die Gründe, weshalb diese Person beispielsweise in nur einem Monat ein riesiges Netzwerk aufgebaut hat, könnten sein:

1. *Der Betreffende war über dreißig Jahre lang Schuldirektor. Außerdem unterrichtete er Sport. Alle Menschen kennen, vertrauen und respektieren ihn. Kurz: Fast alle Einwohner sind bei ihm zur Schule gegangen. Wie kann man ein Angebot von jemandem ablehnen, bei dem man seine Ausbildung genoss!*
2. *Diese Person ging an ihrem Wohnort von Tür zu Tür und alle, mit denen sie redete, wurden zum Geschäftspartner. Ihr Vater war Stadtratsmitglied, viele Häuser des Wohnortes gehörten ihm und die Anwohner glaubten, dass es das Beste wäre, zu tun, was er ihnen vorschlägt.*
3. *Diese Person hat bereits 20 Jahre Erfahrung im Empfehlungsmarketing. Sie hat sehr viele Kontakte, Beziehungen und Freunde, somit Menschen, die sie*

kennen, ihr Respekt zollt und Vertrauen schenken. Da diese Person bereits mit einem anderen Unternehmen erfolgreich war, konnte sie schnell ein großes Netzwerk aufbauen. Diese Person hat in gewisser Weise 20 Jahre lang ‚sofortigen Erfolg' vorbereitet.

‚**Sofortiger Erfolg**' im Empfehlungsmarketing ist eher ungewöhnlich. Es geht im Empfehlungsmarketing auch nicht um schnellen, sondern um kontinuierlich wachsenden Erfolg – darum etwas zu `T-U-N`[26]. Sie dürfen sich Ihren Erfolg im Empfehlungsmarketing verdienen und dabei gilt:

„Dienen, kommt vor dem Verdienen!"
In Anlehnung an Henry Ford

Das ist auch der Grund, warum einige Menschen im Empfehlungsmarketing schneller wachsen als andere. Sollten Sie sich nun in einer Situation befinden, in der Sie kaum Kontakt zu anderen Menschen haben, dann bietet Ihnen gerade das Konzept des Empfehlungsmarketings eine Möglichkeit, ein paar neue Beziehungen aufbauen zu können. Nachdem Sie wieder Beziehungen aufbauen konnten, wächst Ihr persönliches Netzwerk. So kann und wird auch Ihr Geschäft wachsen – durch weitere Empfehlungen!

---

[26] Das Akronym von **T-U-N** kann sein: `Tag Und Nacht` oder auch rückwärts gelesen `Nicht Unnötig Trödeln`.

Wer alleine arbeitet, addiert;
wer zusammenarbeitet, potenziert!
In Anlehnung an: arabisches Sprichwort

„Misserfolg ist lediglich eine Gelegenheit,
mit neuen Ansichten noch einmal anzufangen."
Henry Ford

Vertriebswege im quantitativen Vergleich

Das Potenzial der Duplikation

Menschen sind es gewohnt in stetigen, linearen Wachstum zu denken. Lassen Sie uns verdeutlichen, was exponentielles Wachstum bedeutet. Das Schachbrett-Reiskörner-Beispiel[27] kennen viele, dessen praktische Relevanz entgeht jedoch den meisten.

Um sich mit Empfehlungsmarketing ein `ZWEITES GEHALT' aufbauen zu können, m ü s s e n Sie Menschen gleich zu Anfang erläutern, dass es wichtig ist,

---

[27] Der Erfinder des **Schachspiels** soll seinen König so begeistert haben, dass dieser beim König einen Wunsch frei gehabt haben soll. Er wünschte sich ‚nur', dass das **Schachbrett mit Reiskörnern** gefüllt werden sollte und zwar in der Form, dass ein Korn auf das erste Feld, zwei auf das zweite, vier auf das dritte, usw. gelegt werden sollen. Somit verdoppelten sich die Reiskörner auf jedem weiteren Feld. Der König meinte diesem vermeintlich bescheidenen Wunsch nachkommen zu wollen, und stimmte zu. Hätte er über mathematische Kenntnisse verfügt, so wäre er diesem Wunsch sicher nicht nachgekommen. Auf dem 64. Feld eines Schachbrettes wären das 9.223.372.036.854.775.808 Reiskörner. Mit der Summe (18.446.744.073.709.600.000 Reiskörner) sämtlicher Körner auf dem Schachbrett könnte man die gesamte Erde bedecken!

sich auf **ernsthafte Bewerber** zu konzentrieren und `nicht, der ganzen Welt etwas zu empfehlen`.

Ernsthafte Partner beziehungsweise Bewerber sind Menschen, die Chancen erkennen und diese konsequent verfolgen!

Es lassen sich unterscheiden, ob in einem Monat das Marketing-Konzept lediglich einmal vervielfältigt (dupliziert) wird – hier wird von einer **1er-Duplikation** gesprochen – oder zweimal dupliziert wird – **2er-Duplikation** – oder vielleicht sogar fünfmal dupliziert wird (**5er-Duplikation**).

Vergegenwärtigen Sie sich, was es bedeuten würde, wenn Sie lediglich **e i n e m Menschen** im Monat Ihr Konzept empfehlen und unterstützen sich geschäftlich weiterzuentwickeln.

Zahlenreihe einer 1er-Duplikation

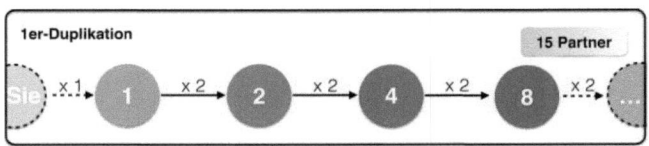

Zeigen Sie den Unterschied zu einer 2er-Duplikation, indem Sie folgende Zahlenreihe präsentieren:[28]

---

[28] Vgl. (Failla, 2002, S. 13ff.), (Failla, 2008, S. 19ff.)

Zahlenreihe einer 2er-Duplikation

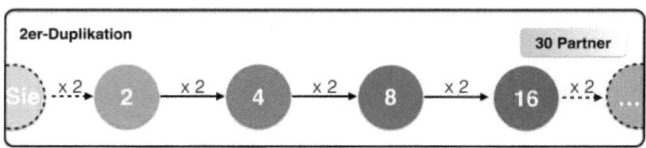

Diese Zahlenreihe[29] präsentiert die Potenzierung Ihres Empfehlungsgeschäfts, wenn Sie und alle weiteren Partner Ihres Netzwerkes jeweils **z w e i ernsthafte Partner** monatlich mit ihrem Geschäft vertraut machen. Sie empfehlen somit monatlich **nur e i n e r Person zusätzlich** Ihr Geschäft. Geben Sie dieses Vorgehen konsequent weiter, so teilen nach vier Monaten bereits neben Ihnen 30 neue Partner Ihr Marketing-Konzept. Die Größe Ihres **Team**s hat sich **verdoppelt ('ver-2-facht')**!

Wie wäre die Zahlenreihe, wenn Sie und jeder Ihrer Teammitglieder **d r e i ernsthafte Partner** monatlich erreichen? Sie vermitteln drei 'Ernsthaften', wie sie ebenfalls drei ernsthafte Berater unterstützen können. Das ergibt neun 'Neue'.

Zahlenreihe einer 3er-Duplikation

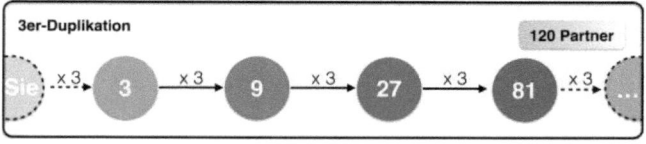

---

[29] Anmerkung: Sollte Ihr Gegenüber diese einfache mathematische Leistung nicht nachvollziehen können, hören Sie auf, dieser Person weiter etwas vorzurechnen – Sie handeln sich Schwierigkeiten ein!

Diesen ,**Neuen**' wiederum erläutern Sie, wie sie ihren **d r e i** ,**Ernsthaften**' das Marketing-Konzept weiterempfehlen und auf einmal haben Sie 27 Menschen in Ihrem Team. Eine weitere Duplikation ergibt 81 Partner. Somit haben Sie 120 Partner im Team. Ihr **Team hat sich verachtfacht (,ver-8-facht')!**

Gegenüberstellung der Zahlenreihe
einer 2er-Duplikation und 3er-Duplikation

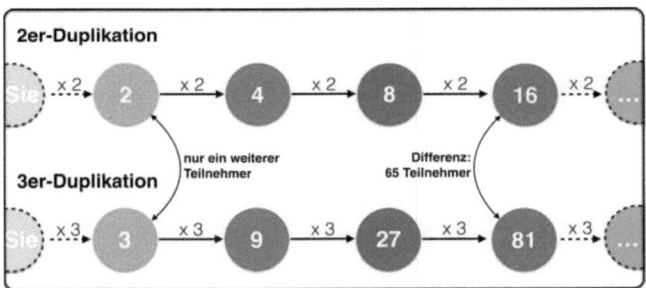

Was ist passiert? Bemerken Sie die Differenz zwischen 81 und 16 Teilnehmern! Sie haben 65 ,**Neue**' mehr in Ihrem Team!

Erkennen Sie **den Unterschied**?

Sie haben **nur e i n e n Menschen zusätzlich** im Monat in Ihrem Konzept erfolgreich geschult und übertragen dies auf alle folgenden Personen!

Nehmen wir an, Sie erhöhen Ihr Konzept auf **v i e r** ,**Ernsthafte**':

Zahlenreihe einer 4er-Duplikation

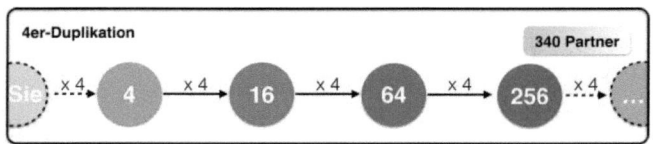

Sowohl Sie und jeder ernsthafte ‚Neue' unterstützt nun **v i e r Ernsthafte'**. Sie unterstützen somit vier ‚**Neue'** und schulen diese Vier, wie jeder von ihnen jeweils **vier** ‚**Ernsthafte'** empfehlen und unterstützen lernt: Dabei entstehen 16 neue Berater. Diese 16 schulen Sie jeweils **vier** weitere ‚**Ernsthafte'** zu empfehlen und zu unterstützen, so dass Ihr Netzwerk auf 64 ‚Neue' anwächst. Im nächsten Monat ‚Empfehlen und Unterstützen' ist Ihr Empfehlungsmarketing-Netzwerk auf 340 Personen angewachsen.

Ihr **Team** hat sich gegenüber der 1er-Duplikation mehr als **verzweiundzwanzigfacht (‚ver-22-facht')**!!

Was ist jetzt passiert? Bemerken Sie die Differenz zwischen 256 und 16 Teilnehmern! Sie haben jetzt sogar 240 ‚Neue' mehr in Ihrem Team! Erkennen Sie **den Unterschied**?

Gegenüberstellung der Zahlenreihe einer 2er-Duplikation und 4er-Duplikation

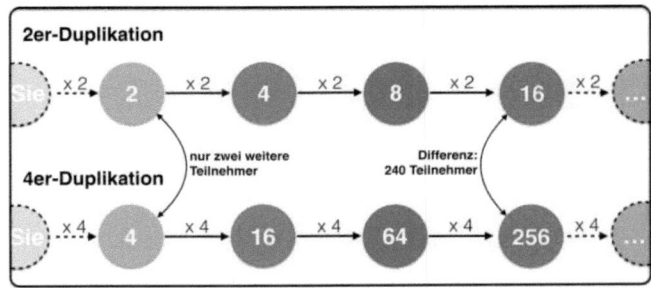

Erkennen Sie den **großen Unterschied**?

Sie haben **nur z w e i Menschen mehr** im Monat in Ihrem Konzept erfolgreich geschult und übertragen dies auf alle folgenden Personen!

Nehmen wir an, Sie erhöhen Ihr Konzept auf **f ü n f ‚Ernsthafte'** im Monat:

Zahlenreihe einer 5er-Duplikation

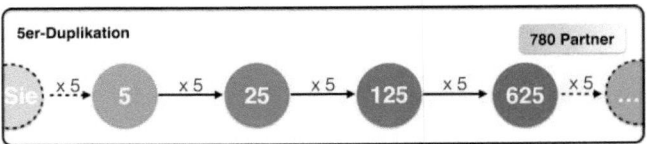

Sie und jeder Weitere in Ihrem Team unterstützen jetzt **fünf ernsthafte Partner**. Ihr Empfehlungsmarketing-Geschäft ist in vier Monaten auf insgesamt 780 Personen angewachsen.

Gegenüberstellung der Zahlenreihe
einer 2er-Duplikation und 5er-Duplikation

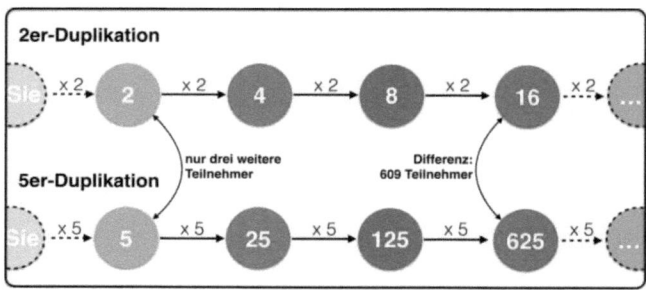

Was ist jetzt passiert? Bemerken Sie die Differenz zwischen 625 und 16 Teilnehmern! Sie haben somit sogar 609 ‚Neue' mehr in Ihrem Team! Erkennen Sie den **exorbitanten Unterschied**?

Sie und jeder in Ihrem Team haben **nur d r e i Menschen zusätzlich** im Monat das Marketing-Konzept empfohlen und ihre Partner unterstützt. 780 Personen sind mit Ihrem Konzept erfolgreich geschult worden und können dieses auf alle folgenden Personen übertragen! Ihr **Team** hat sich **verzweiundfünfzigfacht (‚ver-52-facht')**!!

Gegenüberstellung der Zahlenreihen einer 1er- bis 5er-Duplikation

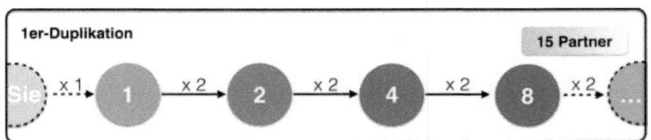

Verdoppelung (,**Ver-2-fachung**') der Partner gegenüber der 1er-Duplizierung

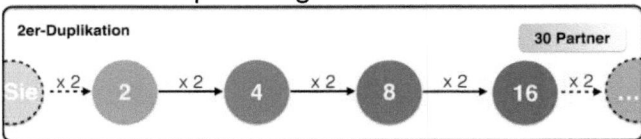

Verachtfachung (,**Ver-8-fachung**') der Partner gegenüber der 1er-Duplizierung

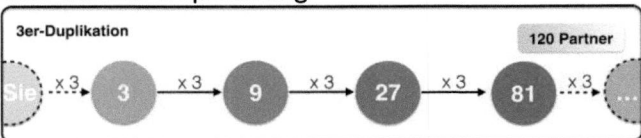

Verzweiundzwanzigfachung (,**Ver-22-fachung**') der Partner gegenüber der 1er-Duplizierung

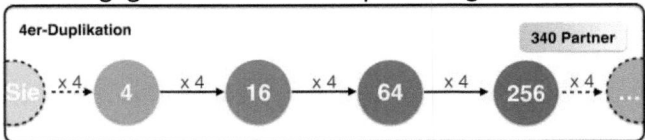

Verzweiundfünfzigfachung (,**Ver-52-fachung**') der Partner gegenüber der 1er-Duplizierung

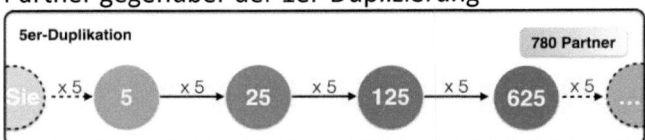

Menschen können sich durchaus vorstellen zwei, drei, vier oder fünf ‚Ernsthafte' zu unterstützen. Sie haben jedoch kein Gefühl für die 16-, 81-, 256- oder 625-Partner-Potenzierung.

Angenommen Sie möchten **fünf ‚Ernsthafte'** bei ihrem Geschäftsaufbau unterstützen. Sie werden auf diese vielleicht nicht sofort treffen, sondern dürfen 20, 40 oder 60 Menschen Ihr Marketing-Konzept nahebringen.

Dieses Buch hilft Ihnen die ‚Ernsthaften'
schneller herauszufiltern und die ‚Herausgefilterten'
schneller zum Erfolg zu führen.
Eike Clausius

Bereits mit der 5er-Duplikation sollten Sie bei konsequenter Anwendung 780 ‚Ernsthafte' in Ihrem Netzwerk haben.

Jetzt stellt sich die Frage: **Hat bisher jemand Waren eingekauft oder verkauft?** – NEIN –

Wenn lediglich angenommen wird, dass jeder der 780 ‚Ernsthaften' Waren für sich selber kauft – zum Eigenverbrauch –, dann wird ein beachtlicher Umsatz generiert.[30]

Stellen Sie sich vor, Sie kristallisieren im Zug des ‚Herausfiltern' Ihrer Neuen 10 Kunden je Partner heraus.

---

[30] Auf der Reise zu Ihren ‚Ernsthaften' werden Sie auch auf Menschen treffen, die sich ausschließlich für Ihre Waren interessieren oder die gar nichts machen wollen.

Demzufolge würden neben Ihren 780 ‚Ernsthaften' noch 7.800 Kunden existieren, somit 8.580 Nutzer Ihres Warenangebots! Ein profitables Geschäft – und das bei nur ‚**5 Ernsthaften**' mit 10 **Produktnutzern** je Teilnehmer!

Viele Menschen machen ein Wenig!
Eike Clausius

Vergegenwärtigen Sie sich: Sie arbeiten nur mit 5 Personen direkt zusammen – und das ist überschaubar. Handelt es sich um mehr als 7 Personen (‚**the magical number of seven**'), werden Sie in jedem ‚normalen' Wirtschaftsunternehmen eine strukturelle hierarchische Form aufbauen, um den Kommunikationsaufwand in einem übersichtlichen Rahmen zu halten.

Arbeiten Sie höchstens mit 6 Personen
direkt zusammen,
sonst erleben die beteiligten Personen
Enttäuschungen!
Eike Clausius

Einkommensgenerierung im Empfehlungsmarketing – Die Baummetapher

Wie generieren Menschen ihr Einkommen im Allgemeinen und wie können sie das im Empfehlungsmarketing tun? Dies lässt sich sehr leicht durch die Charakterisierung von drei Gruppen beschreiben:

1. *Gruppe: Diese Gruppe von Menschen gehört zu den Jägern, Sammlern und Händlern – sie sammeln Arbeitsstunden und tauschen diese gegen Geld.*
2. *Gruppe: Sie leben nach dem Gesetz vom Säen und Ernten: Sie säen stets im Frühjahr und ernten stets im Herbst. Geerntet wird das, was vorher gesät wurde – säen wir Getreide, wird auch Getreide geerntet! Man erwartet, das zu ernten, was vorher gesät wurde.*
3. *Gruppe: Diese Menschen pflanzen Bäume. Der Aufbau eines erfolgreichen und großen Netzwerks, welches in den vorangegangenen Kapiteln beschrieben wurde, kann durch große, ertragreiche Bäume verbildlicht werden.*

Beim **Empfehlungsmarketing** handelt es sich um die Gruppe 3. Wir legen die Grundlagen für einen Baum. Zunächst suchen wir…

1. *einen Boden als geeignetes Fundament aus, graben erste Löcher und schauen, dass wir **Wasser** zum Gießen haben, dann*
2. *pflanzen wir die ersten **Sprösslinge**, welche zu*
3. ***kleinen Bäumchen** werden – noch ohne große Erträge. Diese werden zu*
4. ***mittelgroßen Bäumen**, wobei erste Erträge sichtbar werden, dann zu*

5. *großen Bäumen, die schon gute Erträge erwirtschaften, um schließlich zu*
6. *prächtigen Bäumen zu werden, die gute und stabile Erträge liefern.*

Um erfolgreich zu sein, ist es daher notwendig, Zeit in die Suche von vielversprechenden Böden zu investieren. Wie gut und optimal diese Grundlage ist, hängt vom persönlichen Input ab: Sind die Böden ergiebig oder ist es wichtig sie erst fruchtbar zu machen, zu - wässern sowie zu düngen? Hier ist es wichtig, Aufwand und Nutzen abzuwägen. Manchmal sollte man weiterziehen, um geeignetere Böden zu finden. An der Tiefe und Beständigkeit dieser Grundlage lässt sich dann erkennen, wie hoch Ihre Bäume wachsen können. Wenn die Bäume schließlich regelmäßig Früchte bringen, kann das **Passives Einkommen** genannt werden.

Jedes Frühjahr zeigt ein Apfelbaum seine Blüten und bringt im Herbst Äpfel hervor. Das verbildlichen die monatlichen **Provisionszahlungen** des Unternehmens, das seine Produkte über Empfehlungsmarketing verteilt. Passives Einkommen wird durch das Pflanzen von Bäumen generiert. Diese Bäume müssen gewässert, gepflegt, gedüngt und manchmal auch zurechtgestutzt werden, damit sie in Form bleiben. Wenn Sie Bäume pflanzen, lassen Sie diesen Zeit zu gedeihen und ziehen nicht an den ersten Sprösslingen, im Glauben, der Baum würde so schneller wachsen.

Wir dürfen uns den Bäumen widmen und sie pflegen, dann kommt die Zeit, dass der Baum Äpfel hervorbringt. Jeder Apfel enthält Kerne, die eine neue Existenz bedeuten können: Wenn diese Kerne auf fruchtbaren Boden fallen, zieht das eine Vermehrung der Apfelbäume nach sich. Dies ist wirkliches Passives Einkommen – der eigenständige Aufbau neuer Existenzen[31]. Erkennen Sie den Wert von ‚Äpfeln', denn die Kerne in einem Apfel kann man zählen, aber nicht die Äpfel in einem Kern![32]

---

[31] Vgl. (Steiner, 2015, S. 18f.)
[32] Vgl. (Steiner, 2014, S. 159)

Notizen

*„The richest people in the world look for and build
NETWORKS.
Everyone else looks for work."*
Robert Kiyosaki

Ertragswirtschaftliche Gegenüberstellung unterschiedlicher Vertriebsformen

Um zu erkennen, welche Vorteile Empfehlungsmarketing gegenüber anderen Vertriebsformen haben kann, sollten zwei Aspekte unbedingt beachtet werden: Arbeiten Sie

1. *im Empfehlungsmarketing systematisch und*
2. *mit einem System!*

Mit einem erfolgreichen System zu arbeiten ist wichtig. Zu Beginn der Tätigkeit im Empfehlungsmarketing wird noch viel ‚auf Zuruf' und ohne System funktionieren – wie in einem Kleinbetrieb. Mit wachsender Personenzahl wird es jedoch wichtig werden, das Vorgehen zu systematisieren und für jeden Beteiligten nachvollziehbar zu gestalten. Die zugrunde liegenden Prinzipien sollten konsequent angewandt werden.

Die Vergütung von Empfehlungen durch das Unternehmen kann in einem **Vergütungsplan** strukturiert dargestellt werden. Arbeiten Sie mit einem Unternehmen, dessen Vergütungsplan Provisionszahlungen auf sehr vielen tiefen Ebenen zulässt, dann bräuchten Sie lediglich fünf Menschen in Ihrem direkten Kontakt, die ernsthaft etwas bewegen wollen. Diese werden als ‚Firstliner' bezeichnet. Mit ihnen dürfen Sie zusammenarbeiten und das System in die nächst tieferliegenden Ebenen, somit in die Tiefe duplizieren.

Gezeigt werden im Folgenden die finanziellen Auswirkungen in Bezug auf die Tiefe eines Netzwerkes
1. *im Direktvertrieb (Variante 1),*
2. *in einem Ebenen-begrenzten Empfehlungsmarketing (Variante 2) und*
3. *einem Ebenen-offenen Empfehlungsmarketing (Variante 3).*

Ausgehend von einer 5er-Duplikation wird der Unterschied aufgezeigt, ob ein Unternehmen von insgesamt 30% Provisionsausschüttung bis zur fünften Ebene jeweils sechs Prozent auszahlt, oder ob es auf sechs Ebenen ‚nur' fünf Prozent sind. Dieser kleine Unterschied von nur einer weiteren Ebene und nur einen Prozent geringerer Provisionsausschüttung führt zu einem eindrucksvollen Endergebnis!

Die Tabelle verdeutlicht, welche Vorteile ein Ebenen-offenes Empfehlungsmarketing gegenüber dem Direktvertrieb und einem Ebenen-begrenzten Empfehlungsmarketing aufweist:

Die **erste Variante** zeigt den klassischen Direktvertrieb. Hier erhält ein Verkäufer bei einem Umsatz von 50€ die gesamten 30% Provision. Je mehr direkte Partner er hat, umso größer ist sein Einkommen. Begrenzt wird dieses durch die (Lebens-)Zeit, die er in seinen Vertrieb steckt.

Vergleich der Provisionsausschüttung unterschiedlicher Vertriebsformen am Beispiel einer 5er-Duplikation

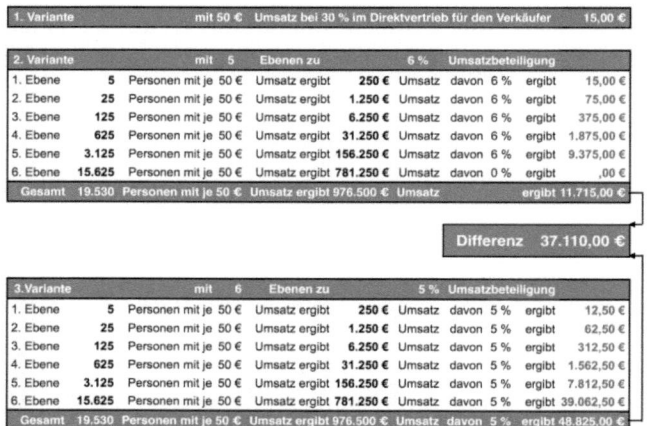

Variante zwei geht von einer 5-er Duplikation mit ebenfalls einem Umsatz von 50,00€ pro Teilnehmer und einer Provisionsausschüttung von 30% aus. Das entspricht einem typischen Vergütungsplan im Network-Marketing. Es werden insgesamt 30% Provision auf fünf Ebenen mit je 6% gleichmäßig verteilt. Bei einem Umsatz von 50€ je Partner könnte das einer Auszahlung von 9.375,00€ entsprechen.

Die **dritte Variante** geht von einem Ebenen-offenen Vergütungsplan aus, von dem hier nur sechs Ebenen dargestellt werden. Die 30% Provision werden nun zu je 5% gleichmäßig auf die sechs dargestellten Ebenen verteilt. Hier beträgt die Auszahlung in der fünften Ebene zwar ‚nur' 7.812,50€, in der 6. Ebene jedoch bereits 39.062,50€. Die Differenz zur zweiten Variante liegt somit bei 29.667,50€. Jede weitere Ebene bringt dann noch erstaunlichere Provisionen hervor! Schon zehn Ebenen mit lediglich 3% Provisionen wären exorbitant.

Die nachfolgende Abbildung verdeutlicht, dass insbesondere im Empfehlungsmarketing ein enormer Anstieg des monatlichen Zuverdiensts stattfinden kann, je mehr Ebenen in der Tiefe systematisch aufgebaut werden. Ein System, das über fünf Ebenen in der Tiefe hinausgeht, ist dabei somit noch wesentlich ertragreicher als ein auf fünf Ebenen in die Tiefe begrenztes System. Es findet ein exponentielles Wachstum der Provisionen statt je mehr das System in die Tiefe duplizierbar ist und dupliziert wird. Beachtenswert ist, dass je nach Empfehlungsmarketing-Unternehmen die Tiefe der Ebenen sehr unterschiedlich vergütet wird.

exponentieller Anstieg der Verdienstmöglichkeit im Empfehlungsmarketing

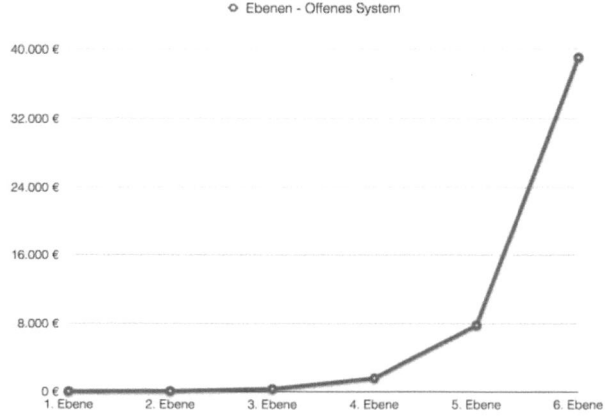

Damit solche Systeme jedoch funktionieren, braucht es Regeln, die es einzuhalten gilt:

Die Freiheit ist dort am Größten,
wo die Regeln k l a r definiert sind!
Eike Clausius

*It is not the strongest of the species that survives,
nor the most intelligent,
but the one most responsive to change.*
Charles Darwin

Funktionsweise des Empfehlungsmarketings

Die Grundlagen – Aller Anfang ist schwer?

Empfehlungsmarketing ist aufgrund der oben dargelegten finanziellen Aspekte für jeden Menschen interessant: Unternehmer und unternehmerisch denkende und handelnde Menschen, Fach- und Führungskräfte, Angestellte, Arbeiter, Frauen und Männer, insbesondere alleinerziehende Mütter und Väter, Paare, Senioren, Rentner sowie ernsthaft Arbeitsuchende[33].

Professionelle Verkäufer versagen oft im Empfehlungsmarketing[34], da sie meist ihr eigenes ‚erprobtes' Vorgehen verwenden möchten, „schließlich sind *sie* die Profis"[35]. Diese ‚verkaufsorientierten' Verfahren lassen sich jedoch nicht auf nachfolgende Personen übertragen – sie sind nicht vervielfältigungsfähig. Im Empfehlungsmarketing wird n i c h t verkauft, es werden Menschen in der Weitergabe eines einfachen, systematischen Vorgehens unterstützt, um ein erfolgreiches und großes Netzwerk aufzubauen. Es wird durch Schulen und Unterstützen möglich, ein existierendes und funktionierendes Konzept wiederholend zu vervielfältigen (duplizieren). Verkäufer können

---

[33] Vgl. (Andes, 2. Aufl., 2005, S. 24f.)
[34] Vgl. (Failla, 2002, S. 17f.)
[35] (Failla, 2002, S. 17)

dann im Empfehlungsmarketing erfolgreich sein, wenn sie offen für Neues und lernbereit sind.

Ein verkaufsorientiertes Vorgehen führt zu dem, was im nachfolgenden Beispiel veranschaulicht wird: Wenn ein verkaufsorientierter Berater (Person 1) einen anderen verkaufsorientierten Berater (Person 2) unterstützt, und Berater 1 aufhört, bevor er Berater 2 zeigen konnte, dass Empfehlungsmarketing erfolgreich ist, hört auch Berater 2 auf. Das Ergebnis wird sein: Sie werden kein Netzwerk aufbauen, sondern lediglich ein Gebilde von Individualisten!

Die Endlichkeit des verkaufsorientierten Empfehlungsmarketings

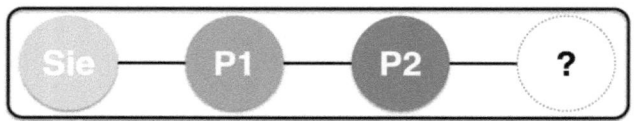

Da verkaufsorientierte Netzwerke sich schwer vervielfältigen lassen, muss das **Prinzip eines erfolgreichen Empfehlungsmarketings** daher lauten:

Eine erfolgreiche Duplikation im Empfehlungsmarketing m u s s mindestens drei Ebenen in der Tiefe umfassen.
Eike Clausius

Gehen Sie davon aus, dass Sie mindestens drei **Personen mit ernsthaftem Interesse** ein Geschäft aufzubauen, Ihre Empfehlungsmarketingmöglichkeit aufzeigen dürfen. Obendrein dürfen Sie diesen Personen zeigen, dass Sie

1. *Ihre Arbeitszeit persönlich takten und individuell einteilen können!*
2. *die Anerkennung für geleistete Arbeit sowohl finanziell als auch durch zusätzliche Boni vergüten, das heißt, Ihre Einkommenshöhe bedarfsgerecht entwickeln lassen können!*
3. *sich selbst entscheiden dürfen etwas alleine zu tun oder Gleichgesinnte zu finden, mit denen Sie partnerschaftlich zusammenarbeiten und Ihre Fähigkeiten und Talente voll einsetzen können!*
4. *ein Team zusammenstellen können, aus Menschen, die Sie mögen, diese Menschen in ihr Potenzial führen und diesen neue Lebensperspektiven bieten zu können!*
5. *eine Karriere unabhängig von Alter, Geschlecht und Hautfarbe aufbauen können!*
6. *die Möglichkeit haben von Zuhause aus ein Unternehmen ohne regionale Begrenzungen aufbauen zu können!*
7. *Durch den ständigen Kontakt mit positiv gestimmten Menschen selbst Mut, Hoffnung und Zuversicht für die nächsten Lebensjahrzehnte generieren zu können!*
8. *sich persönlich entwickeln können durch fast kostenlose Top-Seminar-Dozenten!*
9. *Ihre spätere Rentenhöhe selbst bestimmen können ohne Einzahlung von Beiträgen!*
10. *eine finanzielle Absicherung Ihrer Familie aufbauen zu können, zusätzlich zur gesetzlichen Rentenversicherung!*
11. *sich beruflich in fremden Ländern aufhalten und dies im Heimatland steuerlich berücksichtigen las-*

sen können!
12. *Ihr Geschäft vererben können und dieses von der nächsten Generation weitergeführt werden kann!*

Eine **erfolgreiche Duplikation** muss – wie bereits dargestellt – mindestens drei Ebenen in der Tiefe umfassen und Sie dürfen Ihren Teilnehmern zeigen, wie sie ein Geschäft zusammen mit Ihnen systematisch aufbauen können.

Mindestduplikation über drei Ebenen in der Tiefe bei einem erfolgreichen Empfehlungsmarketing

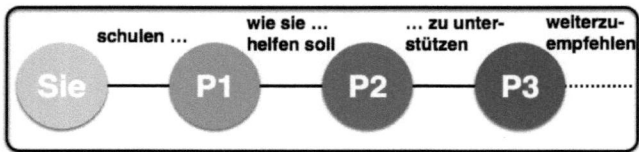

Als **Mindestduplikationssatz** sollten Sie sich merken:

*Sie schulen Person 1,
wie sie Person 2 helfen soll,
Person 3 zu unterstützen, weiterzuempfehlen!*
Eike Clausius

Dabei ist es wichtig zu verinnerlichen, dass **SIE** helfen **Person 1** ihr Geschäft aufzubauen. **Person 1** arbeitet an dieser Stelle nicht für **Sie,** sondern **SIE** arbeiten für **Person 1**. Ebenso darf sich **Person 1** verdeutlichen, dass **SIE sie (Person 1)** unterstützen mit ihr das Geschäft gemeinsam aufzubauen. Dies steht in großem Gegensatz zu gewohnten wirtschaftlichen Betriebsstrukturen, in denen die Personen für Sie arbeiten würden, um Geld verdienen zu können.

Person 1 muss ein ernsthaftes Interesse haben ein Geschäft aufzubauen. Dabei schulen **SIE Person 1** und helfen ihr mit **Person 2** ein Netzwerk aufzubauen. Gemeinsam mit **Person 3** können sie dieses Netzwerk vertiefen.

Ausschließlich dieses Vorgehen ist erfolgreich: SIE unterstützen Person 1. Hören Sie auf, hört auch Person 1 auf, da sie nicht weiß, was sie tun soll. Bringen Sie Person 1 das Weiterempfehlen bei und helfen ihr aktiv, Person 2 zu unterstützen, dann ist der erste Schritt der Duplikation geschafft. Erlernt Person 1 das Unterstützen von Person 2 nicht, dann wird Ihr Netzwerk nie entstehen. Sie dürfen also Person 1 schulen, wie sie Person 2 helfen soll, Person 3 zu unterstützen, weiterzuempfehlen.

Person 2 kann dann, mit Hilfe von Person 1, Person 3 weiterempfehlen. Erst jetzt haben Sie eine über drei Ebenen tiefe Gruppe! Erst jetzt können Sie annehmen, dass Ihr Netzwerk mit diesem Aufbau weiterarbeitet und dieses Ihre Vorgehensweise weitergeben kann – auch ohne Ihre ständige Betreuung. **Das heißt, Ihr erstes Ziel für ein erfolgreiches Empfehlungsmarketing muss es sein, ein über drei Ebenen tiefes Beziehungsnetzwerk zu schaffen!**

Bei einem derartigen Beziehungsnetzwerk kennen SIE Person 3 über das Beziehungsgeflecht von Person 1 und Person 2. **Beziehungen aufzubauen** bedeutet geduldig Bindungen zu schaffen und bei Menschen deren Einzigartigkeit zu erkennen.[36]

---

[36] Vgl. (Saint-Exupéry, 1998, S. 69).

Bedienungsanleitung zur Benutzung der folgenden Abbildungen

Die nächsten Abbildungen geben die prozessuale Entstehung Ihres Netzwerkes über die Tiefe von drei und mehr Ebenen wieder. Dabei wird aufgrund der unterschiedlichen Erscheinungsformen dieser Veröffentlichung auf die physische und die E-Book-Form eingegangen.

Bei der physischen Version als Buch:

Legen Sie das Buch auf die Titelseite und lassen die Seiten mit Ihrem rechten Daumen wie ein **Daumenkino**[37] durchgleiten. Sie sehen so den Prozess der erfolgreichen 1er-Duplikation über die Tiefe von drei Ebenen.

Bei der Version als E-Book:

Um den Prozess der erfolgreichen 1er-Duplikation über die Tiefe von drei Ebenen zu verbildlichen, tippen oder wischen Sie so schnell Ihnen sinnvoll erscheint zweimal zum Umblättern der ‚Seiten'.

---

[37] Bei einem Daumenkino wird eine Aneinanderreihung von statischen Einzelbildern als eine Abfolge von Bildern betrachtet, die dem Auge einen Prozess suggeriert und diese als Film ablaufen lässt.

**Mindestduplikation über drei Ebenen in der Tiefe bei einem erfolgreichen Empfehlungsmarketing:
- Der Prozess des Empfehlens, Unterstützens, Schulens und Förderns - 1. Ebene**

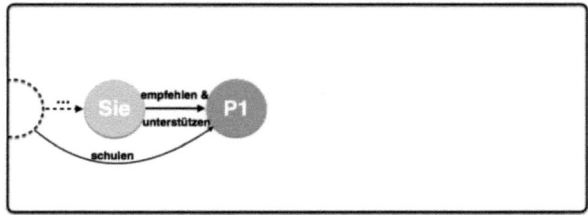

Notizen

Mindestduplikation über drei Ebenen in der Tiefe
bei einem erfolgreichen Empfehlungsmarketing:
- Der Prozess des Empfehlens, Unterstützens,
Schulens und Förderns - 2. Ebene

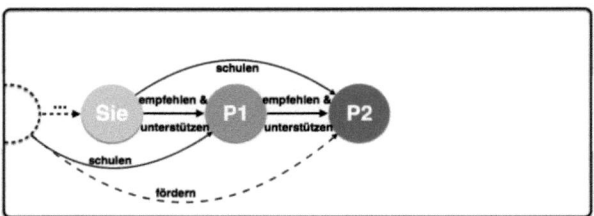

Notizen

Mindestduplikation über drei Ebenen in der Tiefe
bei einem erfolgreichen Empfehlungsmarketing:
- Der Prozess des Empfehlens, Unterstützens,
Schulens und Förderns - 3. Ebene

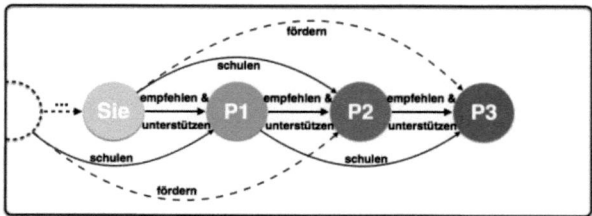

Notizen

**Mindestduplikation über drei Ebenen in der Tiefe
bei einem erfolgreichen Empfehlungsmarketing:
- Der Prozess des Empfehlens, Unterstützens,
Schulens und Förderns – weitere Ebenen**

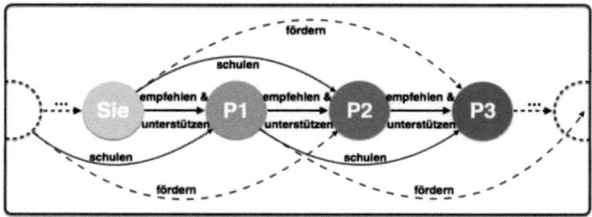

‚Die Macht der dritten Person'

Treffen Sie sich mit Ihrem neuen Partner (Person 1) und erwarten, dass diese eine neue Person (Person 2) zu dem Treffen mitbringt. Wenn sich Person 1 und Person 2 treffen, so stellen Sie sicher, dass Sie ebenfalls anwesend sind. Dadurch, dass sich Person 1 und Person 2 kennen sowie Sie Person 1 kennen, besteht sofort auch eine vertrauensvolle Beziehung zwischen Ihnen und Person 2 – das ist ‚**die Macht der dritten Person**' für Person 1. Für Person 2 sind SIE ‚die dritte Person', die durch das System des Empfehlungsmarketings führt und kompetent ist, Person 1 beim Aufbau ihres Beziehungsnetzwerks durch Person 2 und Person 3 zu helfen und zu unterstützen.

Im Zusammenhang mit der Baummetapher wären SIE beispielsweise ein starker Ast oder der Stamm, Person 1 ein Ast, und Person 2 ein Zweig. Auch Person 1 darf ein Zweig sein, entscheidend ist nur, dass SIE zumindest – wenn noch kein Stamm – ein starker Ast sind. Wenn SIE dies noch nicht sind, dann laden Sie sich zumindest einen starken Ast zu dem Treffen mit ein.

Es stellt sich nun die Frage, wie brennende Begeisterung entsteht, die sich auf anderen überträgt und auch die anderen Personen ‚entflammt'! Nur, wenn mehrere Personen mit unterschiedlicher, jedoch fokussierter Motivation zusammenkommen: Mit einem Zweig entsteht kein (Lager-)Feuer – mit einem Zweig und einem Ast kann schon eine kleine Flamme entzündet werden – mit einem Zweig, einem Ast und einem starken Ast kann schon ein kleines Feuer entstehen, aber richtig lodernd wird das (Lager-)Feuer erst, wenn noch mehr Stämme, Äste und Zweige dazu kommen.

Richtig ‚entzündend' wird eine Zusammenkunft, wenn Sie und Person 1 sich gemeinsam mit Person 2 treffen und dazu auch noch Person 3 und weitere Personen einladen und sich alle gemeinsam das Empfehlungsmarketing-Geschäft von Ihnen als starkem Ast oder Stamm vorführen lassen.

Durch die ‚Macht der dritten Person' kann Person 1 sich zurücklehnen und miterleben wie Sie für ihn Person 2 im Empfehlungsmarketing schulen.

Im Idealfall sind neben Person 3 noch weitere Personen anwesend. Dann fördern Sie Person 3, die den Schulungsprozess von Person 2 direkt miterlebt. Außerdem wird sofort ersichtlich wie das Konzept des Empfehlungsmarketings funktioniert: Durch den Aufbau eines Beziehungsnetzwerks von Menschen, die sich gegenseitig helfen, unterstützen, schulen und wertschätzen. Es geht um ein persönliches und geschäftliches Miteinander, um Kooperation. Persönliches und/ oder geschäftliches **Konkurrenzdenken** ist im Empfehlungsmarketing kontraproduktiv.

Erfolgreich werden mit einem Empfehlungsmarketing-Konzept nur die Personen, die kontinuierlich und mit einem funktionierenden System arbeiten, mit dem Ziel ein Empfehlungsmarketing aufzubauen, das über die Tiefe von mindestens drei Ebenen geht.

Kaufhausbeispiel – Beispiel: Virtuelles Kaufhaus

Allgemeine Betrachtung

Mit dem **Kaufhausbeispiel**[38] wird aufgezeigt wie Sie

Beispiel Eines-Markanten-Kaufhauses (EMK) als Virtuelles Kaufhaus

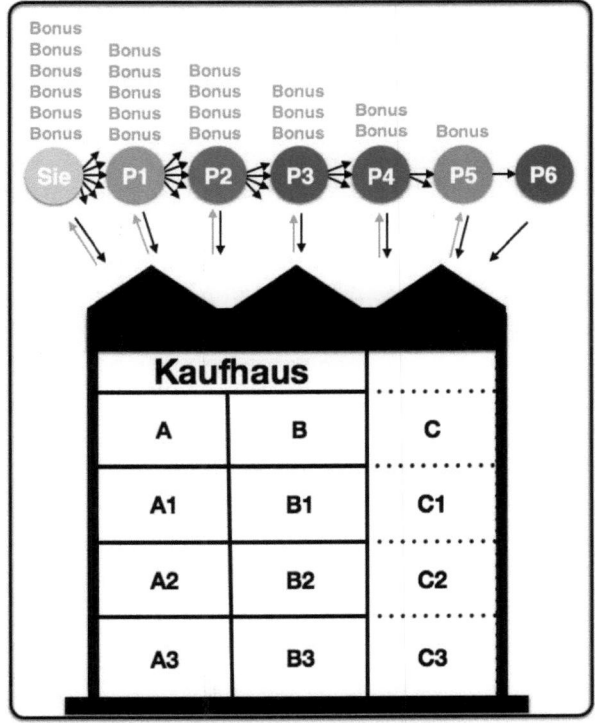

---

[38] Voraussetzung: Unternehmen entscheidet sich die Nutzer seiner Waren durch Empfehlungsmarketing zu verteilen und diese an seinem Umsatz zu beteiligen!

sich am Umsatz eines Unternehmens beteiligen und ein erfolgreiches (Konsumenten-)Netzwerk durch Empfehlungen aufbauen könnten. Dabei nutzen Sie ein **Punktesammelsystem**[39], das den Geldfluss eines Unternehmens umleitet.

In einem normalen Kaufhaus gibt es den gewöhnlichen Service, mit allem, was heute erwartet wird, zu unterschiedlichen Preisen. Sie geben dort Geld aus und erhalten dafür Waren.

In Einem-Markanten-Kaufhaus als **Virtuelles Kaufhaus** können Sie ebenfalls einkaufen und gleichzeitig bekommt der Kunde bei der ersten Bestellung eine **Kundenkarte (Registriernummer** oder eine **personalisierte Identifikation)**. Diese Kundenkarte eröffnet eine z u s ä t z l i c h e, weitere einzigartige Möglichkeit: Da Vertriebskosten in dem Einen-Markanten-Kaufhaus eingespart werden[40] und die Waren zu gleichen Preisen wie in den normalen Kaufhäusern angeboten werden, können diese `Ersparnisse´ an die Kunden ausgezahlt werden. Die **Kundenkarte** ermöglicht,

---

[39] Bei einem **Punktesammelsystem** können Waren, die (inter-)national angeboten, durch die Zuordnung von Landeswährungen mit entsprechenden Punkten homogenisiert werden. Diese Punkte entsprechen einer unternehmensinternen Währung, anhand derer die Boni an den Kunden in dessen Landeswährung berechnet und ausbezahlt werden.

[40] Aus der Abbildung der Zusammensetzung eines Kundenpreises – Direktvertrieb ist zu erkennen, dass 70% des Verkaufspreises aus Vertriebskosten einer Ware bestehen.

Punkte entsprechend der gekauften Waren zu sammeln u n d sich regelmäßig auszahlen zu lassen. Die hohen, eingesparten (Vertriebs-)Kosten werden somit an die Kunden, die Waren im Virtuellen Kaufhaus beziehen und dieses Kaufhaus weiterempfehlen, aufgrund der Anzahl der Punkte als **Boni** und/ oder andere Vergütungen ausgezahlt. Dabei werden sowohl die eigenen als auch die Punkte der Empfehlungspartner berücksichtigt. Der Kunde wird zusammenfassend durch das **Punktesammelsystem** am Umsatz des Empfehlungsmarketing-Unternehmens beteiligt. Sie erhalten mit der **Kundenkarte** gleichsam eine **Fertigexistenz**!

Wie interessant wäre **Ein-Markantes-Kaufhaus** als **Virtuelles Kaufhaus**, das

1. *permanent geöffnet ist (an 365 Tagen im Jahr und an 24 Stunden am Tag),*
2. *unternehmerisch risikofrei ist, da weder Personal, Miete oder Pacht, Strom, Gas, Wasser gezahlt werden müssten sowie keine öffentliche (Medien-)Werbung betrieben wird,*
3. *die Produktnutzer so viel Geld vom Unternehmen abschöpfen könnten wie Sie fähig und in der Lage sind ein Konsumentennetzwerk (Verbauchernetzwerk) aufzubauen,*
4. *investitionsfrei ist (keine Investitionen benötigt!),*
5. *die Produkte stets vorrätig hält (keine Lagerhaltung!),*
6. *stets solvent ist (keine Insolvenz möglich!),*
7. *die Verantwortung für die Herstellung und die Qualität der Produkte trägt und zusätzlich*

8. *global agiert, das heißt länderübergreifend und multilingual?*

Mögliche Abteilungen eines Virtuellen Kaufhauses

Ein solch **Virtuelles Kaufhaus** könnte beispielsweise in unterschiedliche Bereiche (A, B, C, ...) gruppiert werden, die sich je nach Warenangebot weiter untergliedern ließen:

A. *Gesundheits- und Wellnessabteilung:*[41]*,*
  1. *Gewichtsreduktionsabteilung (Gewichtsabnahme, Body-Forming, Body-Fine-Tuning, ...),*
  2. *Körperpflegeabteilung (Hautpflege-, Schönheits-, Anti-Aging-Abteilung, Haare-, Gesichts-, Körper-Abteilung ...,*
  3. *Körper-Styling-Abteilung (Haare-, Gesichts-, Schmuck-Abteilung, ...)*
  4. *Ernährungs(-Beratungs-)abteilung (Mineralien-, Vitamin- und Spurenelementabteilung, Obst- und Gemüse-Abteilung, ...),*
  5. *Tiernahrungsabteilung,*
  6. *Einschränkungen chronischer Dysbalancen (Gehirn-, Augen-, Ohren-, Zähne-, Haut-, Gelenk-, Hände-, Füße- und Organ-Abteilung ...),*
  7. *Getränkeabteilung,*

---

[41] Vgl. dazu: (Pilzer, 2002), S. 37 – „Die Nachfrage ... nach Produkten und Dienstleistungen der Wellness-Branche wird von zwei wesentlichen Faktoren bedingt:
Erstens stehen neue, alternative medizinische Produkte überall zur Verfügung. ... und
zweitens ... wird das derzeitig auf Krankheit basierende Krankenversicherungssystem bei vielen Menschen durch ein System ersetzt werden, das gerne für Gewichtsabnahme, Ernährungsberatung, Vitamine, Mineralstoffen, Nichtrauchen und hundert weitere präventive und das Wohlsein steigernde Maßnahmen zahlen wird."

   8. Unterwegs-, Fitness-to-go-, So-wie-So-Produkte-Abteilung,
- B. *Wohlstandsabteilung:*
  1. *Ren(di)teabteilung,*
  2. *Wohnungs- und -accessoiresabteilung (Kerzen, Reinigungsmittel, Vasen, Blumen, ...),*
  3. *Auto- und -accessoiresabteilung (Reifen, Düfte, ...),*
  4. *Edelmetallabteilung (Gold-, Silber-, Platinschmuck, ...),*
  5. *Accessoires-Abteilung (Dessous, Sex-Spielzeug, Deko-Artikel)*
  6. *Reiseabteilung (Städte-, Länder-, Urlaubsreisen ...),*
- C. *Steuerreduktionsabteilung:*
  1. *Einkommenssteuerreduktions-,*
  2. *Erbschaftssteueraussetzungsabteilung, ...*
- D. *Relax-Abteilung:*
  1. *Sport- und Fitnessabteilung,*
  2. *Schlafabteilung,*
- E. *Luft:*
  1. *Luft-Abteilung (Filter-, Reinhaltesysteme),*
  2. *Nicht-Raucher-Abteilung (Pflaster, Presslinge),*
- F. *Genussabteilung:*
  1. *Wasser- und Flüssigkeitsabteilung (Filter-, Reinhalte-Systeme),*
  2. *Kaffee-, Tee-, Kakaoabteilung,*
- G. *Bauabteilung (Bauelemente, Energieleistungen, ...)*
- H. *Kinderabteilung,*
  1. *Windeln-, Kleiderabteilung,*
  2. *Fertilitäts- und Präventionsabteilung.*
- I. *Persönlichkeitsentwicklungsabteilung:*

1. *Seminarabteilung,*
2. *Weiterbildungs-, Vortrags-, Präsentationsabteilung,*

Nutzungsmöglichkeiten eines Virtuellen Kaufhauses

Bei einem **Virtuellen Kaufhaus** stehen drei Möglichkeiten der **Nutznießung** zur Verfügung:

1. *Produktnutzung:*
   *Es werden **Waren mit Alleinstellungsmerkmalen** angeboten. Diese können Sie uneingeschränkt genießen und nutzen.*
2. ***Möglichkeit der Refinanzierung der Waren:** Durch Empfehlungen dieser Waren kann sich ein **Rückfluss der (eingepreisten) Gelder** durch **Rabatte, Provisionen** oder **Boni** einstellen. Je nach **Marketingplan** werden diese unterschiedliche Ausprägungen haben.*
3. *Aufbau eines Konsumentennetzwerkes:*
   *Möglichkeit ein **Netzwerk von Empfehlungen** aufzubauen, ein **Konsumentennetzwerk**, mit dem die Empfehlungspartner unterschiedlich mit Vergütungen belohnt werden.*

Je nachdem, welche Möglichkeit gewählt wird, ist im Falle des **Rückflusses von Geldern** ausschlaggebend, zu welchen Beträgen die Personen 1 bis 6 (oder weitere) ihre Waren im **E**inen-**M**arkanten-**K**aufhaus beziehen (siehe dazu: **Beispiel Eines-Markanten-Kaufhauses (EMK) als Virtuelles Kaufhaus**). Je unterschiedlichere Waren und -mengen bezogen werden, umso unterschiedlicher werden die Vergütungsarten und –ausprägungen für die Empfehlenden auf deren Abrechnungen erscheinen.

Die einkalkulierten (Vertriebs-)-Kosten werden an die Personen, die in dem **Virtuellen Kaufhaus** Waren erwerben und dieses Kaufhaus weiterempfehlen, aufgrund getätigter Umsätze als Vergütungen in unterschiedlichen Formen (Rabatte, Provisionen, Gratifikationen und/ oder **Boni**) ausgezahlt. Die Eigentümer des Virtuellen Kaufhauses haben sich entschieden, dass die Produktnutzer den Großteil des Umsatzes als Geldzufluss erhalten. Sozial eingestellte Menschen dürften sich über dieses wirtschaftliche Vorgehen freuen, da es automatisch eine Umverteilung bringt, die die Politik gegenwärtig vergeblich (ver-)sucht.[42] Helfen Sie sich und anderen den Geldfluss von Unternehmen umzuleiten!

Nun stellen Sie sich vor, es gäbe Unternehmen, die den Großteil ihrer **einkalkulierten Vertriebskosten** an die Produktnutzer auszahlen? Unternehmen lenken den Geldfluss von den Eigentümern des Unternehmens zu den Produktnutzern um! Was könnte es für Sie bedeuten, wenn bis zu 70% des Unternehmensumsatzes an die Menschen ausgezahlt werden, die die Produkte dieses Unternehmens selber nutzen und (weiter-)empfehlen!

Lassen Sie uns kurz einer Frage nachgehen: Wer verkauft in diesem Beispiel die Waren? Das **E**ine-**M**arkante-**K**aufhaus oder Sie? . . .

---

[42] Vgl. (Pilsl, 2013, S. 65)

Richtig: Das **E**ine-**M**arkante-**K**aufhaus!

Dieses Kaufhaus beziehungsweise das Unternehmen hat entschieden seine Waren über Empfehlungsmarketing zu verkaufen!

Wie die finanziellen Mittel im Einzelhandel aus den Taschen der Produktnutzer fließen und wie sie im Empfehlungsmarketing wieder in die Taschen der Produktnutzer zurückfließen, verdeutlicht die folgende Darstellung.

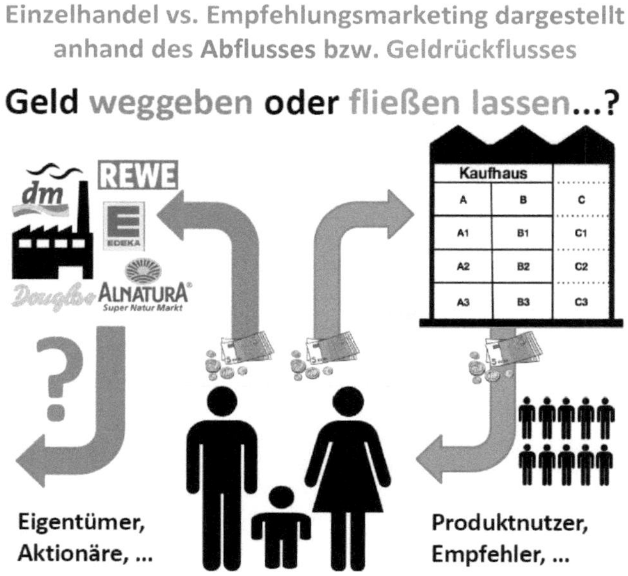

Einzelhandel vs. Empfehlungsmarketing dargestellt anhand des Abflusses bzw. Geldrückflusses

Geld weggeben oder fließen lassen...?

Eigentümer, Aktionäre, ...

Produktnutzer, Empfehler, ...

Sie empfehlen lediglich die Waren, der Verkauf findet durch das Eine-Markante-Kaufhaus statt! **Sie verkaufen nichts, sondern empfehlen ausschließlich** und bringen dabei Ihre Begeisterung und Erfahrungen mit den `Waren´ des Einen-Markanten-Kaufhauses ein.

Dass diese sich duplizierende und multiplizierende Vorgehensweise im Empfehlungsmarketing auch finanziell große Vorteile gegenüber anderen Vertriebsformen hat und wirtschaftlich sinnhaft ist, wird im Kapitel: **Die Entwicklung eines Systems – Duplikation** verdeutlicht.

Tankstellenbeispiel – Beispiel: Tankstelle

Wie Sie sich ein ertragreiches (Beziehungs-)Netzwerk im Empfehlungsmarketing aufbauen könnten, soll das **Tankstellenbeispiel** aufzeigen:

Beispiel Einer-Markanten-Tankstelle (EMT)

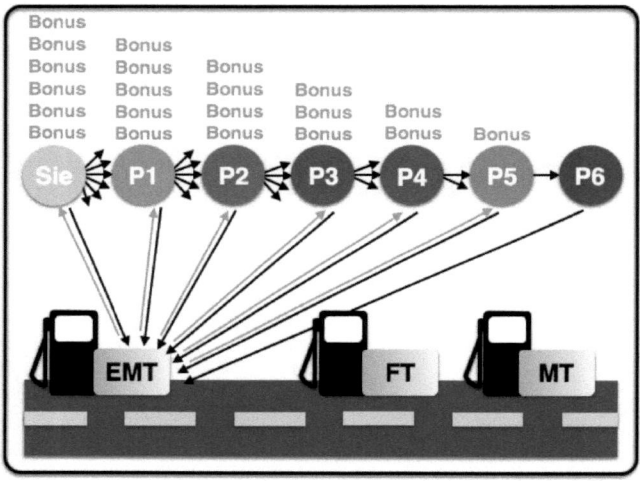

Nehmen wir an, bei Ihnen in der Stadt gäbe es 3 Tankstellen. Die eine ist eine **Marken-Tankstelle (MT)**, die andere ist eine **Freie-Tankstelle (FT)** und die dritte ist **Eine-Markante-Tankstelle (EMT)**.

An der Marken- und Freien-Tankstelle gibt es den gewöhnlichen Service, mit allem was heute erwartet wird, zu unterschiedlichen Preisen. An der **E**inen-**M**arkanten-**T**ankstelle können Sie lediglich tanken. Es gibt keinen Tankwart und auch sonst keinen Service. Zusätzlich erhält der Kunde nach dem erstmaligen Tanken eine **Kundenkarte**. Mit dieser Kundenkarte eröffnet die **Eine-Markante-Tankstelle** eine weitere, besondere und **einzigartige Möglichkeit**: Da sie erhebliche (Vertriebs-)Kosten einspart, weil sie kein Personal, Miete oder Pacht zu zahlen hat, und sie den Kraftstoff zu den gleichen Preisen wie die anderen Tankstellen anbietet, kann sie diese Ersparnisse an die Kunden, die die **Eine-Markante-Tankstelle** weiterempfehlen, auszahlen. Die Kundenkarte ermöglicht, Punkte entsprechend des gekauften `Kraftstoffes´ zu sammeln.

Die hohen, eingesparten (Vertriebs-)Kosten, die eben nicht für Personal, Miete oder Pacht ausgegeben werden, werden somit an die Kunden, die den `Kraftstoff´ erwerben und diese spezielle Tankstelle weiterempfehlen, aufgrund der Anzahl der Punkte als **Bonus** ausgezahlt. Dabei werden sowohl die eigenen als auch die Punkte der Empfehlungspartner berücksichtigt. Der Kunde wird zusammenfassend durch ein **Punktesammelsystem**[43] am Gewinn des Empfehlungsmarketing-Unternehmens beteiligt!

---

[43] Bei einem **Punktesammelsystem** können Waren, die (inter-)national angeboten, durch die Zuordnung von Landeswährungen mit entsprechenden Punkten homogenisiert werden. Diese Punkte entsprechen einer unternehmensinternen Währung, anhand derer die Boni an den Kunden in dessen Landeswährung berechnet und ausbezahlt werden.

Dem Kunden stehen somit drei Möglichkeiten offen, sich Empfehlungsmarketing zu ermöglichen:

1. *Erwerb des Kraftstoffes und darüber hinaus*
2. *Rückvergütung des (eingepreisten) Gewinns, um sich seinen Kraftstoff zu refinanzieren sowie der*
3. *Aufbau eines Empfehlungsnetzwerkes.*

Je nachdem welche Möglichkeit gewählt wird, ist im Falle der Refinanzierung ausschlaggebend, zu welchen Beträgen die Personen 1 bis 6 (oder weitere) den `Kraftstoff´ bei der **Einen-Markanten-Tankstelle** beziehen. Je unterschiedlichere Mengen an `Kraftstoff´ bezogen werden, umso unterschiedlicher werden die Boni für die Empfehlenden auf ihren Abrechnungen erscheinen. Es sind somit Kosten in den Verkaufspreis einkalkuliert, die als Boni monatlich an die Empfehlenden ausgezahlt werden können.

Lassen Sie uns kurz einer Frage nachgehen: Wer verkauft in diesem Beispiel Kraftstoff? Die **Eine-Markante-Tankstelle** oder Sie? ...

Richtig: Die **Eine-Markante-Tankstelle**!

Diese **Tankstelle** beziehungsweise das Unternehmen hat entschieden ihre Waren über Empfehlungsmarketing zu verkaufen!

Sie empfehlen lediglich die Waren, der Verkauf findet durch die **Eine-Markante-Tankstelle** statt! **Sie verkaufen nichts, sondern empfehlen ausschließlich** und bringen dabei Ihre Begeisterung und Erfahrungen mit dem `Kraftstoff´ der **Einen-Markanten-Tankstelle** ein.

Dass diese sich duplizierende und multiplizierende Vorgehensweise im Empfehlungsmarketing auch finanziell große Vorteile gegenüber anderen Vertriebsformen hat und wirtschaftlich sinnhaft ist, wird im nachfolgenden Kapitel: **Die Entwicklung eines Systems – Duplikation** verdeutlicht.

Die Entwicklung eines Systems – Duplikation

Lassen Sie uns nun einen Blick auf konkrete Zahlen werfen. Die folgende Tabelle zeigt in seiner Grundstruktur die Multiplikationsmöglichkeiten innerhalb eines Netzwerkes, das bei Ihnen zu einem `**zweiten Gehalt**' führen kann:

Ausgangspunkt bei dieser Betrachtung ist, dass Sie jeden Monat lediglich einer Person beibringen (1er-Duplikation), wie das Konzept funktioniert. Dabei ist die mögliche Entwicklung Ihres Empfehlungsnetzwerks über einen Zeitraum von einem halben Jahr abgebildet. Um solche Ergebnisse selbst zu erzielen, ist es wichtig die grundlegende Funktionsweise des Empfehlungsmarketings, wie sie im vorangegangenen Kapitel *Die Grundlagen – Aller Anfang ist schwer?* dargelegt wurde, zu beachten.

Zahlenbeispiel einer monatlichen 1er-Duplikation

Duplikationsquote	Sie empfehlen im 1. Monat	Sie empfehlen im 2. Monat	Sie empfehlen im 3. Monat	Sie empfehlen im 4. Monat	Sie empfehlen im 5. Monat	Sie empfehlen im 6. Monat
	1 Person	1 Person	1 Person	1 Person	1 Person	1 Person
Ebene 1	1	2	3	4	5	6
Ebene 2		1	3	6	10	15
Ebene 3			1	4	10	20
Ebene 4				1	5	15
Ebene 5					1	6
Ebene 6						1
Total	**1**	**3**	**7**	**15**	**31**	**63**

durchschnittliches, persönliches Punktevolumen

40	40	120	280	600	1.240	2.520
50	50	150	350	750	1.550	3.150
60	60	180	420	900	1.860	3.780
70	70	210	490	1.050	2.170	4.410
80	80	240	560	1.200	2.480	5.040
100	100	300	700	1.500	3.100	6.300

500 PV	Boden	(etwa 100 - 250 €)
1.500 PV	Sprössling	(etwa 250 - 500 €)
3.000 PV	Bäumchen	(etwa 500 - 1.000 €)
6.000 PV	mittelgroßer Baum	(etwa 1.000 - 2.000 €)
9.000 PV	großer Baum	(etwa 2.000 - 2.500 €)
15.000 PV	prächtiger Baum	(mehr als 2.500 € plus)

Lassen Sie uns kurz auf einige Begrifflichkeiten eingehen, um die Tabelle in ihrer Tragweite wahrnehmen zu können:

Die **Duplikationsquote** gibt an, wie viele Personen Sie in einer Zeiteinheit unterstützen. In diesem Fall bezieht sich die Tabelle lediglich auf eine Person pro Monat. Daraus leitet sich auch der Name dieser Veranschaulichung ab – die monatliche 1er-Duplikation.

Zusätzlich werden verschiedene, sogenannte `durchschnittlich persönliche Punktevolumen' aufgelistet. Diese können Sie sich als `Treuepunkte' vorstellen, die Sie mit Ihrer **Kundenkarte** an dem **E**inen-**M**arkanten-**K**aufhaus oder der **E**inen-**M**arkanten-**T**ankstelle sammeln. Diese Punkte sind zum einen ein Maß für den eigenen generierten Umsatz und bilden – bezogen auf das Empfehlungsnetzwerk – ein Maß für die Vergütungen, die Ihnen zustehen. Die Summe der Punkte in Ihrem Netzwerk lässt direkt auf Ihren monatlichen Zuverdienst schließen. Je größer Ihre Punktevolumina, desto höher Ihre monatlichen Vergütungen, desto prächtiger Ihr Baum.

Der Zusammenhang zwischen Punktevolumina und möglichen Bonuszahlungen wird im unteren Teil der Tabelle, bezugnehmend auf die Baummetapher, charakterisiert:

Gehen wir davon aus, dass Sie monatlich für 100 Punkte `Waren' beziehen. Wenn Sie dies ‚vormachen' und Sie das **E**ine-**M**arkante-**K**aufhaus oder die **E**ine-**M**arkante-**T**ankstelle weiterempfehlen, werden es Ihnen alle gleichtun und die folgenden Teilnehmer werden ebenfalls dort in gleicher Höhe `Waren' beziehen. Sie werden Ihrer Empfehlung folgen und es Ihnen als Vorbild gleichtun.

Im ersten Monat empfehlen Sie einer Person, das gleiche zu tun wie Sie. Sie bringen dieser Person auch bei, im darauffolgenden Monat einer weiteren Person das **E**ine-**M**arkante-**K**aufhaus oder die **E**ine-**M**arkante-**T**ankstelle weiterzuempfehlen.

Behalten Sie dabei **das grundlegende Prinzip** im Hinterkopf: Sie dürfen die Menschen in Ihrem Empfehlungsnetzwerk auf deren Weg unterstützen. Setzen Sie dieses Prinzip in den folgenden Monaten fort, dann ahmen Ihnen die Menschen in Ihrem Netzwerk nach – was sie machen werden –, und Sie erreichen bereits nach einem halben Jahr ein Punktevolumen von 6.300.

Beziehen Sie `Waren´ mit weniger als 100 Punkte und Ihre Partner ebenso, dann entsteht ein geringerer monatliches Punktevolumen. Bei einem durchschnittlichen, persönlichen Punktevolumen aller Teilnehmer von 40 Punkten resultiert ein Gesamtpunktevolumen von 2.520 oder bei 80 Punkten ein Punktevolumen von 5.040.

Ein geringer (Eigen-)Verbrauch an `Waren´ wirkt sich folgerichtig auf das Gesamtvolumen beziehungsweise Ihre Vergütungshöhe aus.

Entsprechend des oben aufgeführten Zahlenbeispiel einer monatlichen 1er-Duplikation würde sich Ihr Netzwerk personell jeden Monat verdoppeln und ist nach einem halben Jahr bereits um 63 Personen gewachsen. Damit könnten Sie – je nach betrachteten Empfehlungsmarketing-Unternehmen – einen monatlichen Zuverdienst zwischen 1.000€ und 2.000€ erreichen.

Erhöhen Sie die **Duplikationsquote** und empfehlen pro Monat mehr als eine Person weiter, ist eine noch wesentlich erstaunlichere Zuwachsmöglichkeit realisierbar. Jedoch nur unter der Voraussetzung, dass die Menschen in Ihrem Netzwerk genauso nach Ihren vorgegebenen Erfolgsprinzipien mit Ihren Partnern zusammen arbeiten. Bedenken Sie dabei, dass Ihre Partner nur das tun werden, was Sie tun!

Zusammengefasst kristallisieren sich drei Aktionsbereiche, mit denen Sie Ihr Netzwerk beeinflussen könnten:

1. *Ihr Eigenverbrauch der Waren,*
2. *Ihre Überstützung der direkten, ernsthaften Partner sowie*
3. *Ihre Unterstützung des bestehenden Teams besonders der dortigen, ernsthaften Partner.*

Bei der sich anschließenden Abbildung wird das exponentielle Wachstum der **1er-Duplikation** sowie einer **2er-Duplikation** und **3er-Duplikation** gegenübergestellt. Die durchgezogene Linie verbildlicht dieses Wachstum Ihres Netzwerks bei der **1er-Duplikation**. Die gepunktete Linie zeigt eine **2er-Duplikation** und die gestrichelte Linie zeigt, dass mit einer Verdreifachung ihrer Bemühungen auch eine Verdreifachung der Größe Ihres Netzwerks und somit des Punktevolumens erreicht werden kann. Es wird damit besonders deutlich, dass Ihre Bemühungen im Empfehlungsmarketing stets adäquat vergütet werden. Je mehr Sie empfehlen, desto größer wird ihr Punktevolumen und somit ihr potenzielles `**ZWEITES GEHALT**`.

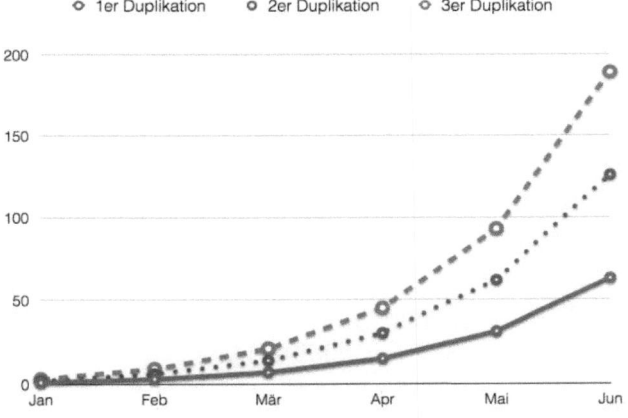

„Einfachheit ist die höchste Stufe der Vollendung."
Leonardo Da Vinci

Empfehlungsmarketing in qualitativer Betrachtung

Einkommensgenerierung im Empfehlungsmarketing – Die Lastkraftwagenmetapher

Nehmen wir an, Sie sind schon einige Zeit im Empfehlungsmarketing tätig und haben Ihre ersten Interessenten in Ihrem Netzwerk. Es ist somit an der Zeit, sich um die Interessenten zu kümmern, die ernsthaft mit Ihnen ihr Empfehlungsmarketing-Geschäft voranbringen wollen.

Nachdem Sie allen Ihren Interessenten gesagt haben, wie einfach und systematisch Sie Ihr Empfehlungsmarketing-Geschäft betreiben können, können Sie sich Ihren `Lastkraftwagen' aussuchen und bereits an der `Lagerhalle' stehen, wenn er an der Rampe Ihrer Halle einparkt. Fährt einer Ihrer Lastkraftwagen an die Rampe der Lagerhalle, dann können Sie aus der Ladung Gewinn machen.

Im Folgenden soll diese Situation durch drei Lastkraftwagen versinnbildlicht werden.

Beispiel einer `Lagerhalle' mit drei Lastkraftwagen

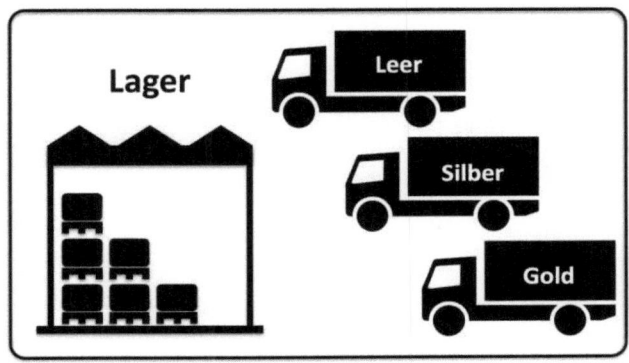

Bezugnehmend auf das oder **Tankstellenbeispiel** wollen wir einen `Leer-Lastkraftwagen' und außerdem einen `Silber-Lastkraftwagen' sowie einen ‚**Gold-Lastkraftwagen**' betrachten. Diese unterschiedlichen Lastkraftwägen sollen die verschiedenen Typen Ihrer Interessenten innerhalb des Netzwerkes versinnbildlichen.[44]

Sie haben natürlich ein Interesse, möglichst viele Lastkraftwagen mit einer Goldladung an die Rampe Ihrer **Lagerhalle** heranzuführen. Also werden Sie versuchen, so viele Gold-Lastkraftwagen wie möglich an Ihre Lagerhalle zu leiten.

Dennoch versuchen viele Menschen – vielleicht aus sozialem Engagement und um anderen Menschen eine neue berufliche Perspektive zu geben – **Leer-Lastkraftwagen** an Ihre Lagerhalle fahren zu lassen.

---

[44] Vgl. (Failla, 2002) (Failla, 2008)

Der **Gold-Lastkraftwagen** steht repräsentativ für empfehlungsorientierte Berater. Wenn **Professionelle Verkäufer** – die angeblich keine Hilfe brauchen, weil sie wissen, ʻwie es gehtʻ – lernbereit und offen für Neues sind, so werden diese schnell verstehen, dass es im Empfehlungsmarketing wichtig ist, weniger Zeit in die Breite ihres Unternehmensaufbaus als mehr in die Tiefe zu investieren.

Im Empfehlungsmarketing gilt:

*Die Tiefe des Netzwerks schlägt
die Breite des Netzwerks*
Eike Clausius

Der **Leer-Lastkraftwagen** steht für Menschen, die schon seit Monaten in Ihrem Netzwerk sind, aber ständig davon überzeugt werden müssen, dass Empfehlungsmarketing funktioniert. Ihre Einstellung ist grundsätzlich pessimistisch – das Glas ist halb leer – und sie lassen sich durch negative Äußerungen – ob durch andere Menschen oder die Leitmedien – schnell entmutigen.

Silber-Lastkraftwagen sind alle neuen Partner: Ob sie zu Gold-Lastkraftwagen werden oder als Leer-Lastkraftwagen Ihre Halle anlaufen, ist abhängig davon, wie Sie durch Ihre Art und Weise mit den Fahrern der Lastkraftwagen umgehen und wie Sie sie unterstützen.

In unserem vorherigen Beispiel mit der 5er-Duplikation (siehe: Vergleich der Provisionsausschüttung unterschiedlicher Vertriebsformen), sind grundsätzlich Gold-Lastkraftwagen gemeint, also Partner, die ernsthaft etwas ändern wollen oder müssen: je größer die Anzahl der Silber-Lastkraftwagen in Ihrer Flotte, die zu Gold-Lastkraftwagen werden wollen, desto weniger müssen Sie Menschen direkt ansprechen, damit Ihnen fünf **Ernsthafte Partner** begegnen.

Lassen Sie uns kurz aufzeigen, woran Sie **Ernsthafte Partner** beziehungsweise **Gold-Lastkraftwagen** erkennen können:

1. *Wissens- und lernbegierig* — *die Neuen rufen ständig an und möchten Fragen beantwortet haben.*
2. *Unterstützung* — *die Neuen drängen darauf, Ihnen ihre Interessenten vorzustellen und über die Möglichkeiten des Empfehlungsmarketing-Geschäfts zu informieren.*
3. *Begeisterung* — *die Neuen sind völlig begeistert vom Empfehlungsmarketing, weil sie wissen und verstehen, dass es funktioniert.*
4. *Commitment* — *die Neuen sind bereit sich zu verpflichten, die Waren ihres Unternehmens zu verwenden und nutzen jede freie Minute, um mehr über die Waren und das Geschäft zu lernen.*
5. *Zielorientierung* — *die Neuen haben Ziele, ihr ‚WARUM' und sie sind ambitioniert etwas zu ‚tun'. Sie schreiben sich die Ziele auf, um sie sich stets vor Augen zu halten, falls sie ihr Ziel beziehungsweise ihre Ziele aus den Augen verlieren.*
6. *Namensliste* — *die Neuen führen eine Liste mit Namen von Menschen, die sie kennen, welche bei unterschiedlichen, täglichen Begebenheiten ergänzt werden kann.*

7. *Vergnügen der Gemeinschaft* – *es bereitet den Neuen und Ihnen Vergnügen sowohl geschäftlich als auch privat gemeinsam mit allen zusammen zu sein.*
8. **Bejahend** – *die Neuen sagen eher ‚ja' statt ‚nein' zu Neuem und mit dieser ‚positiven Energie' ziehen sie Menschen an.*

Diese **Kriterienliste um Gold-Lastkraftwagen** zu erkennen, ließe sich beliebig weiterführen. Der einzige Unterschied zwischen einem **Silber-Lastkraftwagen** und einem **Gold-Lastkraftwagen** ist ihr gegenwärtiges Verständnis und ihre Ernsthaftigkeit: **Der Gold-Lastkraftwagen betreibt das Geschäft ernsthaft und mit Verstand.**

Notizen

Duplikation an grafischen Beispielen – qualitative Betrachtung

Um sich den Vorgang der Duplikation beziehungsweise Potenzierung der Teilnehmer noch besser vorstellen zu können, sollen im Folgenden weitere Abbildungen genutzt werden. Diese sind angelehnt an die Baummetapher: Die Teilnehmer bilden ein sich verzweigendes Netzwerk mit verschiedenen Ästen, die das Potenzial haben, weiter zu wachsen. Dabei soll zuerst eine monatliche Betrachtung des Personenzuwachses im Empfehlungsmarketing und darauffolgend eine Betrachtung nach Ebenen erfolgen.

Bedienungsanleitung zur Benutzung der folgenden Abbildungen

Bei der physischen Version als Buch:

Legen Sie das Buch auf die Titelseite und lassen die Seiten mit Ihrem rechten Daumen wie ein **Daumenkino**[45] durchgleiten. Sie erleben so das exponentielle Wachstum Ihrer Gruppe bei einer 1er-Duplikation.

Bei der Version als E-Book:

Um das exponentielle Wachstum Ihres Netzwerkes bei einer 1er-Duplikation zu verbildlichen, tippen oder wischen Sie so schnell Ihnen sinnvoll erscheint zweimal zum Umblättern der ‚Seiten'. Damit erleben Sie verbildlicht das exponentiell mögliche Wachstum Ihres Netzwerkes.

Betrachtung einer 1er-Duplikation nach Monaten

Unter der Annahme, dass Sie lediglich **einen neuen, ernsthaften Interessenten** in Ihr Empfehlungsnetzwerk integrieren, ergibt sich im ersten Monat folgende Abbildung:

---

[45] Bei einem Daumenkino wird eine Aneinanderreihung von statischen Einzelbildern als eine Abfolge von Bildern betrachtet, die dem Auge einen Prozess suggeriert und diese als Film ablaufen lässt.

Netzwerkaufbau 1. Monat im Empfehlungsmarketing
mit einer 1er-Duplikation

Sie teilen Ihr Geschäft mit Ihrem ersten **ernsthaften Interessenten**, haben das grundlegende Konzept erläutert, er ist interessiert und hat das grundlegende **Prinzip eines erfolgreichen Empfehlungsmarketings** verstanden. Mit Ihrer Unterstützung beabsichtigt er sich ein eigenes Empfehlungsmarketing-Geschäft aufzubauen und zu wachsen. Das heißt, der Geschäftspartner wird im folgenden Monat Ihrem Beispiel folgen und ebenfalls einem weiteren Menschen die Möglichkeit eröffnen sein eigenes Leben zu gestalten und im Empfehlungsmarketing zu starten. Sie arbeiten gemeinsam an Ihrem Netzwerk und bauen es sowohl auf als auch aus. Dabei entsteht im zweiten Monat folgende Struktur:

Netzwerkaufbau 2. Monat im Empfehlungsmarketing
mit einer 1er-Duplikation

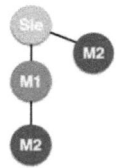

Sowohl Sie, als auch Ihr erster Geschäftspartner, geben nun je einer weiteren Person die Möglichkeit – unterstützt von Ihnen und Ihrem neuen Geschäftspartner – sich eine neue Existenz aufzubauen. Sie arbeiten mit ihnen zusammen. Sie alle folgen weiterhin dem grundlegenden Konzept, bei dem jeder das Konzept verstanden hat und entsprechend umsetzt.

Das heißt, im dritten Monat multiplizieren beziehungsweise duplizieren sich alle bisher neu ins Geschäft gebrachten Teilnehmer ebenso mit einem neuen Geschäftspartner. Hier sehen Sie auch die erste 1er-Duplikation über drei Ebenen in der Tiefe, die im vorherigen Abschnitt „Funktionsweise des Empfehlungsmarketings" dargestellt wurde.

Sie schulen somit Ihren ersten ernsthaften Geschäftspartner, wie er seinem ersten Geschäftspartner helfen soll, dessen ersten Geschäftspartner zu unterstützen weiterzuempfehlen. (siehe dazu auch: Mindestduplikation über drei Ebenen in der Tiefe)

Netzwerkaufbau 3. Monat im Empfehlungsmarketing
mit einer 1er-Duplikation

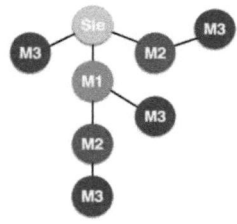

Damit haben Sie im Idealfall mit drei ernsthaft interessierten Teilnehmern bereits eine erste **stabile Linie** aufgebaut und können sich auf die nächste Stabilisierung fokussieren.

Im nächsten Monat wird folglich und unter der Voraussetzung, dass das Konzept richtig kommuniziert und verstanden wurde, erneut ein neuer Partner von allen bisherigen Teilnehmern Ihres Empfehlungsnetzwerks die Möglichkeit einer eigenen Existenz eröffnet.

Netzwerkaufbau 3. Monat im Empfehlungsmarketing
mit einer 1er-Duplikation mit erster stabiler Linie

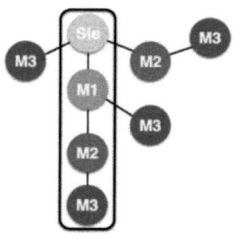

Im vierten Monat wird das erste Mal wirklich deutlich, dass sich ihr System potenziert und mit der Zeit immer schneller – überproportional – wachsen wird. Damit entstehen diesmal gleich drei neue stabile 1er-Duplikationen über drei Ebenen: Zwei ausgehend von Ihrem ersten ernsten Geschäftspartner und eine weitere, ausgehend von Ihrem zweiten ernsten Geschäftspartner der ersten Ebene.

Gleichzeitig entsteht die erste **1er-Duplikation** über drei Ebenen in die Tiefe, in der Sie nicht mehr direkt beteiligt sind (M1 bis M4), sondern die von Ihrem ersten Geschäftspartner aufgebaut wurde. Er übernimmt dabei Ihre Rolle. Sie dürfen Ihm aber weiterhin unterstützend zur Seite stehen.

Netzwerkaufbau 4. Monat im Empfehlungsmarketing
mit einer 1er-Duplikation

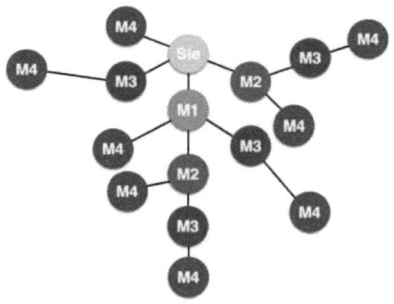

Im nun Folgenden, fünften Monat tritt der Effekt der Multiplizierung noch deutlicher zu Tage. Es kommen 16 neue Geschäftspartner in Ihr Empfehlungsnetzwerk. Dabei entstehen diesmal 6 neue 1er-Duplikationen über drei Ebenen in die Tiefe, womit sich Ihr System zunehmend stabilisiert und verselbständigt. Insgesamt befinden sich mittlerweile 32 Personen und 10 direkte (von Ihnen ausgehende) 1er-Duplikationen über drei Ebenen in der Tiefe in Ihrem Netzwerk.

Netzwerkaufbau 5. Monat im Empfehlungsmarketing
mit einer 1er-Duplikation

Im sechsten Monat – und dem letzten, der an dieser Stelle betrachtet werden soll – ist Ihr Empfehlungsnetzwerk auf insgesamt 64 Menschen angewachsen. Natürlich stets unter der Voraussetzung, dass die Funktionsweise des Empfehlungsmarketing-Konzepts immer richtig kommuniziert und konsequent angewandt wird.

Nunmehr wird auch deutlich, warum es so wichtig war das Vorgehen zu systematisieren und für jeden Beteiligten nachvollziehbar zu gestalten. Nur durch diese **Einfachheit, Systematisierung** und **Nachvollziehbarkeit** ist ein Empfehlungsmarketing erfolgreich. Sämtliche Veränderungen und Abweichungen führen in nicht duplizierbare Netzwerkgebilde und finden schnell ihren wachstumsmäßigen Stillstand. Im Fall einer ständig ebenenmäßigen Veränderung lässt sich kein starkes Netzwerk aufbauen.

Das **Empfehlungsmarketing-Konzept muss klar, einfach, systematisch und duplizierbar bleiben** unter Wahrung persönlich individueller Ausprägungen und Akzeptanzen ohne das Konzept zu verändern.

Netzwerkaufbau 6. Monat im Empfehlungsmarketing
mit einer 1er-Duplikation

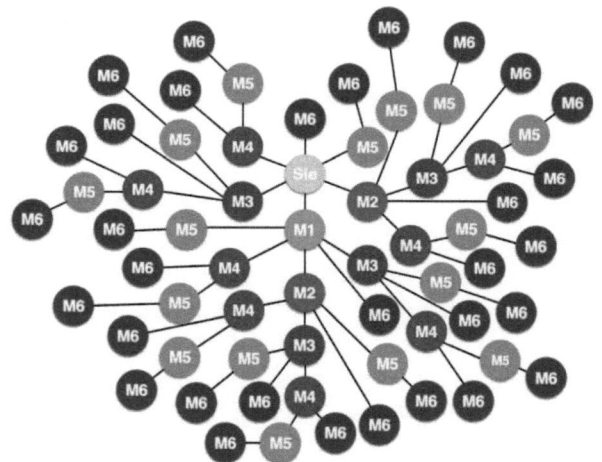

Deutlich wird durch die Abbildungen, welches Potenzial mit der Duplizierung eines einfachen Grundkonzeptes einhergeht. Die Brisanz liegt dabei vor allem in der Tiefe der Anwendung dieses Grundkonzeptes – in die Breite wächst das System dabei beinahe von selbst. Bezüglich der **Baummetapher** könnte man sagen, dass die Krone des Baumes immer dichter, größer und komplexer wird. Ein breit gewachsener Busch (mit vielen Verzweigungen in der ersten Ebene) bedarf mehr persönlichen Einsatzes als ein hoch gewachsener Baum mit vielfältig verzweigter Krone.

Wichtig ist dabei auch zu verstehen, dass eine komplexe Struktur ausschließlich aufgrund eines simplen Grundkonzepts entstehen kann. Nur solche Empfehlungsmarketingnetzwerke sind verständlich und duplizierbar.

Je simpler das Grundkonzept,
desto mächtiger die (Baum-)Struktur.
Je komplexer das Grundkonzept,
umso schmächtiger die (Baum-)Struktur.
Eike Clausius

Bedienungsanleitung zur Benutzung der folgenden Abbildungen

Bei der physischen Version als Buch:

Legen Sie das Buch auf die Titelseite und lassen die Seiten mit Ihrem rechten Daumen wie ein **Daumenkino**[46] durchgleiten. Sie erleben so das Wachstum Ihres Netzwerks bei einer 1er-Duplikation pro Ebene in die Tiefe.

Bei der Version als E-Book:

Um Wachstum Ihres Netzwerkes nach Ebenen in die Tiefe bei einer 1er-Duplikation zu verbildlichen, tippen oder wischen Sie so schnell Ihnen sinnvoll erscheint zweimal zum Umblättern der ‚Seiten'.

---

[46] Bei einem Daumenkino wird eine Aneinanderreihung von statischen Einzelbildern als eine Abfolge von Bildern betrachtet, die dem Auge einen Prozess suggeriert und diese als Film ablaufen lässt.

Betrachtung einer 1er-Duplikation nach Tiefe der Ebenen

Betrachten wir nun den gerade dargestellten Sachverhalt bezüglich der entstehenden Ebenen beziehungsweise der entstehenden Tiefe des Systems. Die dabei entstehende Grafik gleicht am Ende dem Aufbau Ihres Empfehlungsnetzwerks nach lediglich 6 Monaten bei einer Empfehlung pro Monat (1er-Duplikation), die zu einem neuen Geschäftspartner führt.

Die untenstehende Grafik zeigt Ihre erste Ebene nach 6 Monaten und beinhaltet demzufolge auch 6 Personen.

Netzwerkaufbau über eine Ebene im Empfehlungsmarketing mit einer 1er-Duplikation

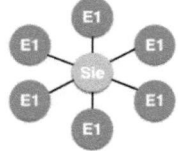

Während des halben Jahres haben Sie gemeinsam mit Ihren Partnern eine 15 Personen starke 2. Ebene aufgebaut. Den Geschäftspartnern der ersten Ebene wurde das Weiterempfehlen und damit verbundene Weitergeben des erfolgreichen Konzepts vermittelt. Dieses wurde konsequent angewandt.

Netzwerkaufbau über zwei Ebenen im Empfehlungsmarketing mit einer 1er-Duplikation

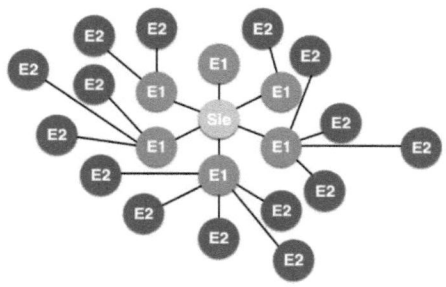

Die nächste Grafik zeigt zusätzlich Ihre 3. Ebene in der Tiefe und beinhaltet damit auch Ihre erste erfolgreiche 1er-Duplikation mit einer Tiefe von ebendiesen drei Ebenen, welche im dritten Monat erreicht wurde.

Netzwerkaufbau über drei Ebenen im Empfehlungsmarketing mit einer 1er-Duplikation

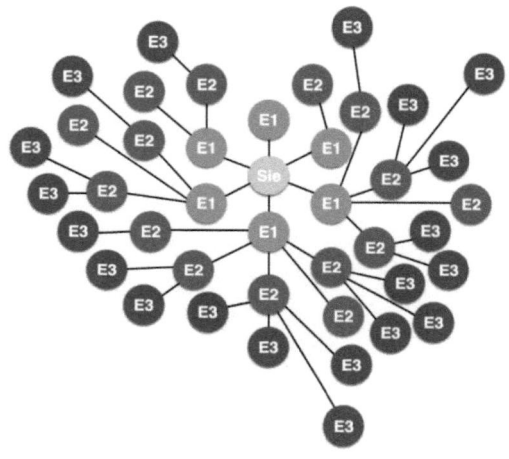

Innerhalb des betrachteten halben Jahres haben sich viele Geschäftspartner der dritten Ebene weiterverzweigt. Das wird in der nächsten Abbildung ersichtlich.

Netzwerkaufbau über vier Ebenen im Empfehlungsmarketing
mit einer 1er-Duplikation

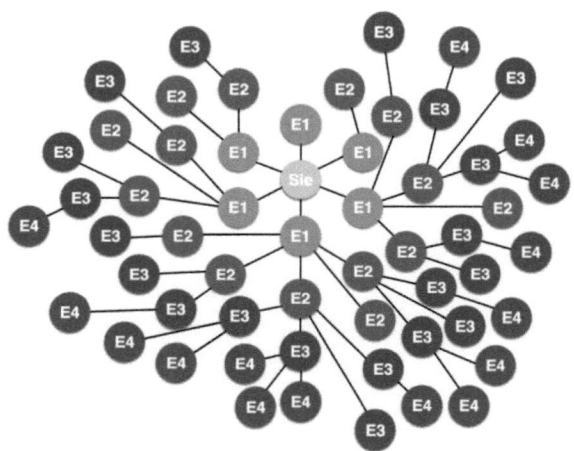

Im 6. Monat haben sich auch einige Geschäftspartner der 4. Ebene bereits weiterverzweigt. Das veranschaulicht die folgende Abbildung.

Netzwerkaufbau über fünf Ebenen im Empfehlungsmarketing mit einer 1er-Duplikation

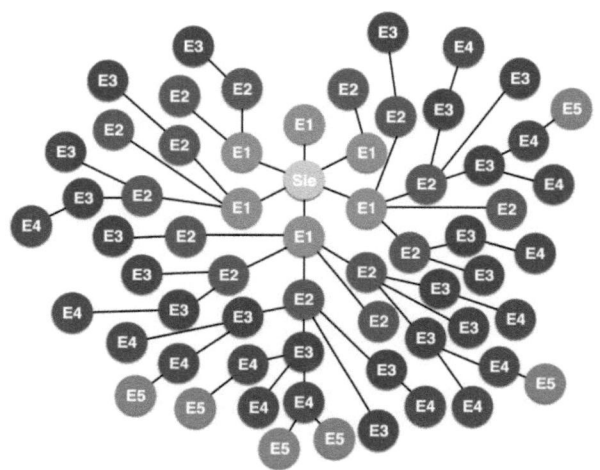

Die letzte Abbildung zeigt die vollständige Struktur Ihres Empfehlungsnetzwerkes mit allen Geschäftspartnern in einer Tiefe von bis zur 6 Ebene im 6. Monat auf. Bedenken Sie, dass eine Fortsetzung des Wachstums im 7. Monat noch deutlich größer ausfallen würde. Nach nur einem Jahr stetigen, grundkonzeptionellen Wachstums könnten Sie mit nur einer erfolgreichen Empfehlung im Monat bereits 4.095 Personen in Ihrem Netzwerk haben.

**Netzwerkaufbau über sechs Ebenen im Empfehlungsmarketing
mit einer 1er-Duplikation**

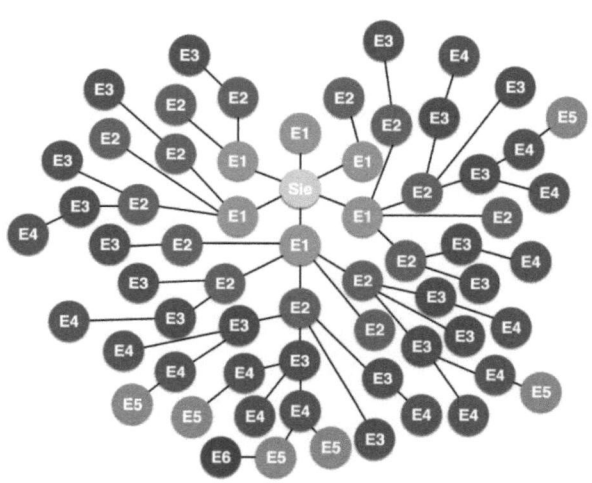

SIE und insgesamt 63 Partner:

1. *Ebene – 6 Personen,*
2. *Ebene – 15 Personen,*
3. *Ebene – 20 Personen,*
4. *Ebene – 15 Personen,*
5. *Ebene – 6 Personen,*
6. *Ebene – 1 Person*

Im nachfolgenden Kapitel soll dieses Netzwerk zahlenmäßig verdeutlicht werden, um die Möglichkeiten Ihres `**zweiten Gehalt**s' zu konkretisieren.

Notizen

„Tu erst das Notwendige,
dann das Mögliche,
und plötzlich schaffst Du das Unmögliche."
Franz von Assisi

Empfehlungsmarketing in quantitativer Betrachtung

Einkommensmöglichkeiten nach 6-monatiger 1er-Duplikation

Die folgende Darstellung zeigt alle Personen und deren jeweilige Ebenen nach erfolgreicher **1er-Duplikation** über ein halbes Jahr.

Einkommensmöglichkeiten im Empfehlungsmarketing
bei einer 6-monatigen 1er-Duplikation

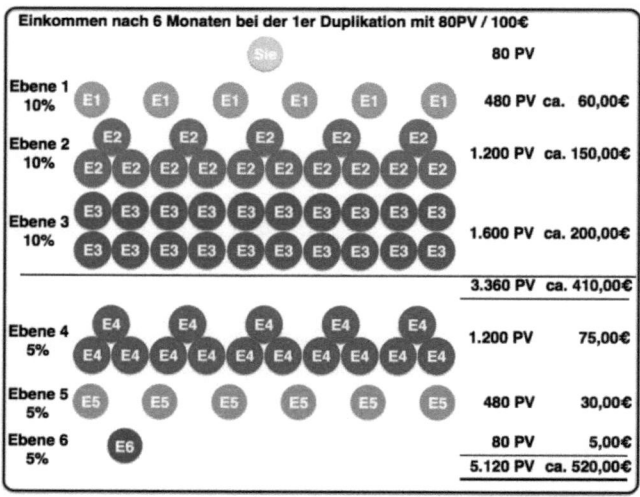

Es ist eine Neuanordnung des im vorigen Kapitel beleuchteten Netzwerkes, um dieses mit beispielhaften

Zahlenwerten zu verbinden. Dabei sollen mögliche Provisionen bei beispielhaften Umsätzen veranschaulicht werden.

Es wird beispielhaft von einem Punktevolumen (PV) von 80 PV pro Person und Monat ausgegangen, was einem Umsatz von jeweils 100€ entsprechen könnte.

Über den Zeitraum von sechs Monaten haben Sie insgesamt sechs Geschäftspartner in der ersten Ebene aufgebaut. Unter der Annahme, dass jeder dieser Partner – genauso wie Sie – Waren für 80 PV erwirbt, könnte das einem Umsatz von etwa 600€ in Ihrer ersten Ebene entsprechen. Dabei würden beispielsweise 10 Prozent als Provision an Sie ausgeschüttet, was immerhin 60€ entsprechen könnte. Umsätze der zweiten und dritten Ebene werden hier im Beispiel ebenso mit 10 Prozent vergütet.[47] Das ergibt in der Summe einen Betrag von etwa 410€ durch Provisionen der ersten drei Ebenen in der Tiefe.

Wie bereits herausgestellt wurde, können Systeme, die nicht an dieser Stelle abbrechen, also Ebenen-unbegrenzt sind, noch erstaunlichere Zuverdienste hervorbringen.

Nachvollziehbarer Weise ist es für kein Unternehmen möglich, immens hohe Provisionen bis in die tiefsten Ebenen zu zahlen. Da jede Person in Ihrem Empfehlungsnetzwerk direkt beim Unternehmen kauft, sind die Provisionen im Produktverkaufspreis eingerech-

---

[47] Die Prozentsätze sind hier beispielhaft angesetzt und müssten je nach betrachtetem Empfehlungsmarketing-Unternehmen angepasst werden.

net. Dieser Zusammenhang wurde in der Darstellung der ‚Zusammensetzung eines Kundenpreises – Direktvertrieb' gezeigt. Bei einem Produktpreis von 100€ werden im Vergleich zum klassischen Vertrieb circa 70% Vertriebskosten - respektive 70€ - als Provisionen ausgeschüttet. Aus diesem Grund geht das obige Beispiel in der dritten bis sechsten Ebene von lediglich 5% Provision aus. Dadurch wird ein weiterer Zuverdienst von 110€ generiert.

Ihr `ZWEITES GEHALT' könnte also nach nur einem halben Jahr Empfehlungsmarketing und lediglich einer erfolgreichen **1er-Duplikation** monatlich etwa 520€ betragen.

Was würde ein monatliches `ZWEITES GEHALT' als (Zusatz-)Verdienst unter finanziellen Gesichtspunkten für Sie bedeuten?

Rendite – Finanzmathematische Betrachtung

Nehmen wir an, Sie hätten Interesse an einer `zweiten Quelle´, einem `zweiten Gehalt' in Höhe von 500€. Welche Möglichkeiten würden bestehen, diese 500€ zu erhalten?

Eine **erste Möglichkeit** besteht beispielsweise vierzig Stunden bei einem Stundenlohn von 12,50€ zusätzlich im Monat zu arbeiten – zehn Stunden pro Woche.

Eine **zweite Möglichkeit** besteht darin, Geld – vorausgesetzt Sie haben bereits Geld – bei einer Bank anzulegen und dafür Zinsen zu erhalten. Bei beispielsweise 100.000€ müssten Sie ein Geldinstitut finden, das Ihnen eine 6%ige jährliche Verzinsung bietet, um etwa 500€ pro Monat zusätzlich zur Verfügung zu haben. Bei einer aktuell realistischen jährlichen Verzinsung (im Jahr 2018) von circa 0,5% müssten sie exorbitante 1.200.000€ Euro zur Verfügung haben!

In der nachfolgenden Tabelle sehen Sie weitere Möglichkeiten der Vermögensbildung bei unterschiedlichen Anlagebeträgen (von 100.000€ bis 1.200.00€), um zu ermitteln, welche weiteren, monatlichen Renditen beziehungsweise Renten (Auszahlungen) möglich wären.

Vermögensbildung bei unterschiedlichen Rücklagebeträgen und unterschiedlichen Verzinsungsmöglichkeiten

monatliche Betrachtung						
	Anlagebetrag in €					
Verzinsung	100.000	200.000	300.000	400.000	600.000	1.200.000
0,50 %	42 €	83 €	125 €	167 €	250 €	**500 €**
1,00 %	83 €	167 €	250 €	333 €	**500 €**	1.000 €
1,50 %	125 €	250 €	375 €	**500 €**	750 €	1.500 €
2,00 %	167 €	333 €	**500 €**	667 €	1.000 €	2.000 €
3,00 %	250 €	**500 €**	750 €	1.000 €	1.500 €	3.000 €
6,00 %	**500 €**	1.000 €	1.500 €	2.000 €	3.000 €	6.000 €

Sollten Sie nicht über derartige Geldbeträge verfügen, müssten Sie diese in den nächsten Jahren erarbeiten. Unter der Annahme, dass Sie ‚lediglich' 1.000€ im Monat zurücklegen beziehungsweise sparen könnten, würden Sie 100 Monate – dies entspricht ungefähr acht Jahren – benötigen, um 100.000€ aufzubewahren. Dabei wäre es allerdings immer noch notwendig, eine Bank zu finden, die Ihnen eine 6%ige Verzinsung ermöglicht. Um auf diese Weise 1.200.000€ beiseitezulegen, würden Sie ganze 100 Jahre benötigen! (Ob Sie dann die Rückzahlungen noch erleben würden, ist fraglich!)

Vermögensbildung bei unterschiedlichen Rücklagebeträgen

100.000 €	Ansparsumme	1.200.000 €
1.000 €	Rücklage je Monat macht	1.000 €
100	Monate und somit	1.200
8,33	Jahre	100

Eine **dritte Möglichkeit** besteht darin sich eine zusätzliche Einkommensquelle im Empfehlungsmarketing aufzubauen. Wie im Beispiel veranschaulicht wurde, benötigen Sie dafür lediglich 6 Personen in einem halben Jahr (siehe: **Zahlenbeispiel einer monatlichen 1er-Duplikation**). **Ernsthafte Partner** Ihres Empfehlungsmarketing könnten diesen monatlichen Geldzufluss verwirklichen. Dieser Geldzufluss wäre wie eine `Rente´, bei der Sie jedoch vorher nicht Jahrzehnte Beiträge einzuzahlen haben. Ein Empfehlungsmarketing-Konzept eröffnet Ihnen die Möglichkeit vier Jahre intensiv an Ihrem Geschäft zu arbeiten gegenüber jeden Monat 40 Jahre lang in die **Rentenkasse** einzuzahlen ohne die Sicherheit der späteren Realisierbarkeit durch den Staat.[48]

4 Jahre Empfehlungsmarketing oder
40 Jahre Einzahlungen in die Rentenkasse?
DER „Vier-Jahre-Karriereplan"!
– 4-statt-40-Jahre-Plan –
Eike Clausius

---

[48] Vgl. (dab/dpa, 2014)

Notizen

Schritt für Schritt zum `zweiten Gehalt´

*„Ein Urteil lässt sich widerlegen,
aber niemals ein Vorurteil."*
Marie Freifrau von Ebner-Eschenbach

Realitätscheck

An dieser Stelle fragen Sie sich vielleicht, ob und wie diese Zahlen Realität werden können. Und zwar für Sie ganz persönlich.

Eins steht fest: Beziehen Sie gegenwärtig Lohn oder Gehalt und gehen irgendwann einmal `in Rente´, dann sieht Ihre finanzielle Einkommensentwicklung entsprechend der folgenden Darstellung aus.

Ihr Lohn oder Gehalt wird auf staatlich vorgegebene prozentuale Anpassungen auf unter 50% abgesenkt.

Einkommensverlauf o h n e zusätzlicher Einkommensgenerierung

Daher soll in diesem Kapitel der schrittweise Einstieg in die Arbeit mit Empfehlungsmarketing erläutert und allgemein dargestellt werden. Dieses Prinzip funktioniert in der Regel immer gleich, unabhängig von spezifischen Unternehmen.

Es wurde bereits dargelegt, dass der Einstieg ins Empfehlungsmarketing ohne persönliches und finanzielles Risiko erfolgen kann. Bleiben wir bei unserem Tankstellenbeispiel vom vorherigen Abschnitt: Zu Beginn nutzen Sie lediglich dessen Angebot und den ‚Kraftstoff'. Eventuell wurde Ihnen dieser ‚Kraftstoff' von einem Freund empfohlen. Vielleicht hat jemand Ihnen das Konzept des Empfehlungsmarketings auch direkt vorgestellt. Sie sind Empfehlungsmarketing-Produktnutzer. Auf welchem Weg Sie auch zum Empfehlungsmarketing gekommen sind, mit der Zeit stellen Sie fest, wie das Geschäftsmodell funktioniert und Ihr Interesse daran wächst.

Einkommensverlauf m i t zusätzlicher
Einkommensgenerierung
w ä h r e n d der Berufstätigkeit

Sie beginnen sich intensiver mit dem Konzept zu beschäftigen und empfehlen Ihren Bekannten die Waren weiter. Nach und nach könnten Sie registrieren, dass Sie so in der Lage sind, sich Ihre monatliche ‚Tankfüllung' zu refinanzieren. Sie sind vom reinen ‚Empfehlungsmarketing-Produktnutzer' zum ‚Empfehlungsmarketing-Partner' geworden. Ihr gegenwärtiges Einkommen wird um die Provisionszahlungen Ihres Empfehlungsmarketing-Unternehmens ergänzt.

An dieser Stelle sollten Sie eine Entscheidung treffen: Wollen Sie weitermachen und durch Empfehlungsmarketing Geld verdienen? Wenn Sie sich bewusst für diesen Weg entscheiden, sollten Sie Ihr Vorgehen zunehmend systematisieren. Dabei spielt erneut der

Mindestduplikationssatz als Grundgedanke der erfolgreichen Duplikation eine wesentliche Rolle: **Sie** erklären **Person 1**, wie sie **Person 2** helfen kann, **Person 3** dabei zu unterstützen weiterzuempfehlen. Bauen Sie sich ein Netzwerk auf und arbeiten Sie mit den Menschen, die Sie unterstützen wollen und die selbst begeistert dabei sind.

Ihr gegenwärtiges Einkommen wird weiterhin durch Provisionszahlungen erweitert. Wenn Sie jetzt ‚in Rente' gehen sollten, wird Ihre Rente um die Provisionszahlungen ergänzt und Sie erschaffen sich mit dem Empfehlungsmarketing eine eigene Rentenerhöhung.

Einkommensverlauf m i t zusätzlicher
Einkommensgenerierung
n a c h der Berufstätigkeit

Sollte Ihr gegenwärtiges Einkommen wegfallen, dann haben Sie jetzt eine finanzielle Basis, die Sie tragen und die Sie weiter ausbauen könnten.

Sollten Sie mit diesem systematischen Vorgehen immer erfolgreicher werden, kommen Sie vielleicht an den Punkt, wo das durch Empfehlungsmarketing generierte Einkommen – **Ihr `ZWEITES GEHALT'** – Ihr **gegenwärtiges Einkommen** übersteigt. Spätestens an dieser Stelle werden Sie darüber nachdenken, dass aus der nebenberuflichen Tätigkeit eine neue ‚Hauptberufliche Empfehlungsmarketing-Partnerschaft' hervorgehen könnte. Dabei bauen Sie sich sowohl kontinuierlich ein `ZWEITES GEHALT' auf, als auch gleichzeitig eine permanente Rente, von der Sie nach Ihrer beruflichen Laufbahn profitieren könnten.

Werdegang eines erfolgreichen Empfehlungsmarketers

Beachten Sie dabei, was bereits im vorangegangenen Kapital angeklungen ist: Ihre Partner werden in der Regel so wie Sie handeln. Je nachdem, wie viel Zeit und Energie Sie in diese Tätigkeit investieren, werden Sie schneller oder langsamer zum Ziel kommen. Es bleibt Ihre Entscheidung, welchen Weg Sie im Rahmen des Empfehlungsmarketings beschreiten wollen.

Die obige Abbildung eines möglichen Werdegangs eines erfolgreichen **Empfehlungsmarketer** verdeutlicht den geschilderten Weg mit seinen einzelnen Stationen.

Notizen

Die 1-3-5-7-Regel

Aus den eigenen Erfahrungen scheint es eine ‚**Faustregel**' in Bezug auf Entwicklungsschritte im Empfehlungsmarketing zu geben, die es Ihnen ermöglicht, zeitlich abschätzen zu können, wie Sie vom ‚Empfehlungsmarketing-Produktnutzer' zum ‚Hauptberuflichen Empfehlungsmarketing–Partner' werden könnten:

1 Jahr: Innerhalb eines Jahres sollten Sie so kompetent sein, dass Sie sich ein lukratives Empfehlungsmarketing-Geschäft aufgebaut haben, das heißt Sie nebenberuflich starten könnten.

3 Jahre: Wenn Sie Empfehlungsmarketing nebenberuflich betreiben und Sie kontinuierlich und systematisch weiterempfehlen, dann könnten Sie nach drei Jahren in die Situation kommen, entscheiden zu dürfen, ob Sie es hauptberuflich machen wollen.

5 Jahre: Betreiben Sie fünf Jahre Ihr Empfehlungsmarketing-Geschäft kontinuierlich und systematisch, dann könnten Sie mit einem sechsstelligen Einkommen rechnen und werden zum Experten.

7 Jahre: Nach sieben Jahren beständigen Empfehlungsmarketing sind Sie Experte und beherrschen die Klaviatur des Empfehlungsmarketings.

Dies soll deutlich machen, dass Sie sich ein dauerhaftes `ZWEITES GEHALT', eine zusätzliche Einkommensquelle eröffnen und sichern könnten. Wenn Sie zum Experten auf dem Gebiet des Empfehlungsmarketings geworden sind, ist es möglich dies hauptberuflich zu betreiben.

Empfehlungsmarketing als Lernprozess

Sie werden erleben dürfen, dass Empfehlungsmarketing ein Lernprozess ist – Learning by doing.

Bei diesem Lernprozess werden Sie folgende Phasen durchlaufen:

1. *Unbewusste Inkompetenz – Sie wissen nicht, dass Sie es nicht wissen.*

Wenn Sie noch nie etwas von Empfehlungsmarketing gehört haben, dann ist das unbewusste Inkompetenz.

2. *Bewusste Inkompetenz – Sie sind sich bewusst, was Sie nicht wissen und dass Sie lernen dürfen.*

Wenn Ihnen bewusst wird, dass Sie von Empfehlungsmarketing keine Ahnung haben und etwas darüber erfahren müssten, dann ist das bewusste Inkompetenz.

Ihnen werden erstaunlich viele Menschen begegnen, die einfach nicht bereit sind, dazulernen zu wollen und die meinen, bereits alles zu wissen. Bisher habe ich nur Friseurmeister kennengelernt, die fünf bis sieben Jahre brauchten, um Meister ihres Faches zu werden. Umso erstaunlicher ist es, wenn Menschen erklären „Sie bräuchten Empfehlungsmarketing nicht zu lernen, sie könnten das!" - Das ist sehr selten der Fall - Diesen Menschen sollten Sie über diese Phase hinweghelfen, denn sonst könnten sie keinen Erfolg im Empfehlungsmarketing zeitigen. Sie können keinem Menschen helfen, der sich nicht helfen lassen will. Wenn diese Menschen nicht dazulernen wollen, dann widmen Sie sich den Nächsten.

3. *Bewusste Kompetenz – Sie lernen und sind dazu bereit zu lernen.*

Sie machen **Fehler** und lernen aus den Fehlern, denn schließlich werden wir durch fortwährendes Üben immer besser.

4. *Unbewusste Kompetenz – Sie sind sich nicht (mehr) bewusst, was Sie (alles) wissen. Sie haben die Dinge verinnerlicht: Sie leben sie.*

Sie haben in dieser Phase Ihre Fähigkeiten automatisiert und Ihre Verhaltensweisen professionell entwickelt. In dieser Phase sind Sie ein Professioneller im Empfehlungsmarketing, Sie tun und sagen Dinge, ohne noch bewusst darüber nachzudenken.

Vergegenwärtigen Sie sich, dass jeder Mensch Empfehlungsmarketing für sich als Beruf entdecken könnte, wenn er denn möchte. Sie könnten sich diese Fähigkeiten mit entsprechender Unterstützung und geeigneten **Mentoren** aneignen. Sollten Sie nicht an sich glauben, so können Sie mir vertrauen, dass ich weiß, über was ich geschrieben habe. Ferner gibt es weltweit schon so viele erfolgreiche **Empfehlungsmarketer**, dass Sie uns vertrauen dürfen.

Auch Sie können Empfehlungsmarketing lernen und zwar so, wie Sie andere Dinge in Ihrem Leben gelernt haben, angefangen vom selber sich die Schuhe zu binden, über Fahrradfahren bis hin zum Lenken eines Autos oder Flugzeuges. Alles ist erlernbar.

Genießen Sie die Freiheit und den Lebensstil eines **Empfehlungsmarketers** – Fangen Sie an und suchen Sie sich erfolgreiche **Mentoren**. Wir freuen uns auf Sie!

Veränderung durch T-U-N

Im Kapitel „**Der Erfolg kommt durch ‚Tun'**" wird deutlich, dass ausschließlich durch T-U-N sich in Ihrem Leben etwas verändern wird.

*„Wer immer das Gleiche tut und
andere Ergebnisse erwartet ist
wahnsinnig."*
Albert Einstein

Sind Sie bereit den **Preis** zu **zahlen**, den eine **Veränderung** mit sich bringt?

Nur mal angenommen Sie müssten Vertrautes aufgeben, es loslassen. Sich auf einen neuen Weg zu begeben fällt umso leichter, je mehr Sie eine **positive Vision** des finalen Zustandes haben.[49] Da von selbst nichts passiert, und damit wir nicht in unserer Komfortzone (Bequemlichkeitszone) verharren, bedarf es mentaler (Selbst-)Disziplin, um für Veränderungen offen zu sein. Wir dürfen uns im Klaren sein, dass wir auf etwas verzichten dürfen und Ängste zu dem Veränderungsprozess dazugehören, wenn wir neue Chancen nutzen möchten.

*Mögen täten wir schon wollen,
aber dürfen haben wir uns nicht getraut.*
Karl Valentin

---

[49] Vgl. (Müller-Ebert, 2017, S. 46, 48)
[50] Vgl. (Valentin, 2018)

Die acht mentalen Konstellationen bei Veränderungsprozessen (mit ihren Weggabelungen)

Lassen Sie uns den **mentalen Prozess bei Veränderungen** zu „neuen Ufern" in seinen unterschiedlichen acht Konstellationen und die damit verbundenen Gefühle anschauen: [51]

1. *Angst* [52],
2. *Vorfreude,*
3. *Furcht,*
4. *Bedrohung,*
5. *Schuld,*
6. *Niedergeschlagenheit (Depression),*
7. *(schrittweise) Akzeptanz,*
8. *Vorwärtsbewegung/ Selbstzufriedenheit*

sowie

Weggabelungen bei Veränderungsprozessen

1. *Verleugnung,*
2. *Enttäuschung   und*
3. *Feindseligkeit.*

---

[51] Vgl. (Müller-Ebert, 2017, S. 8), aus: (Fisher, 2000)
[52] Siehe auch unter: Herausforderung der Selbstständigkeit - **Angst**

Veränderungskurve – Teil 1

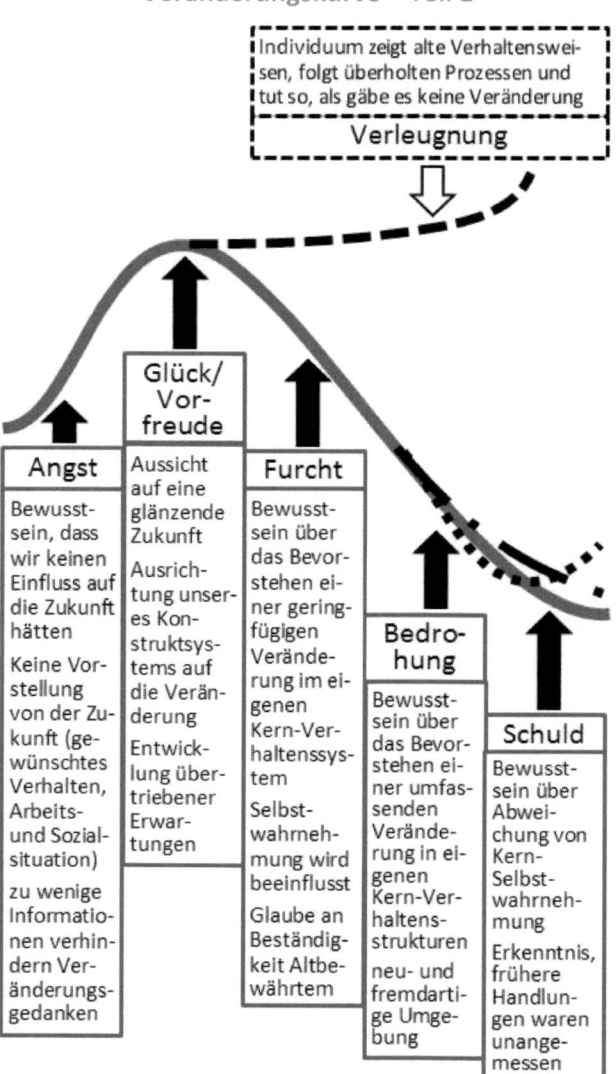

Veränderungskurve – Teil 2

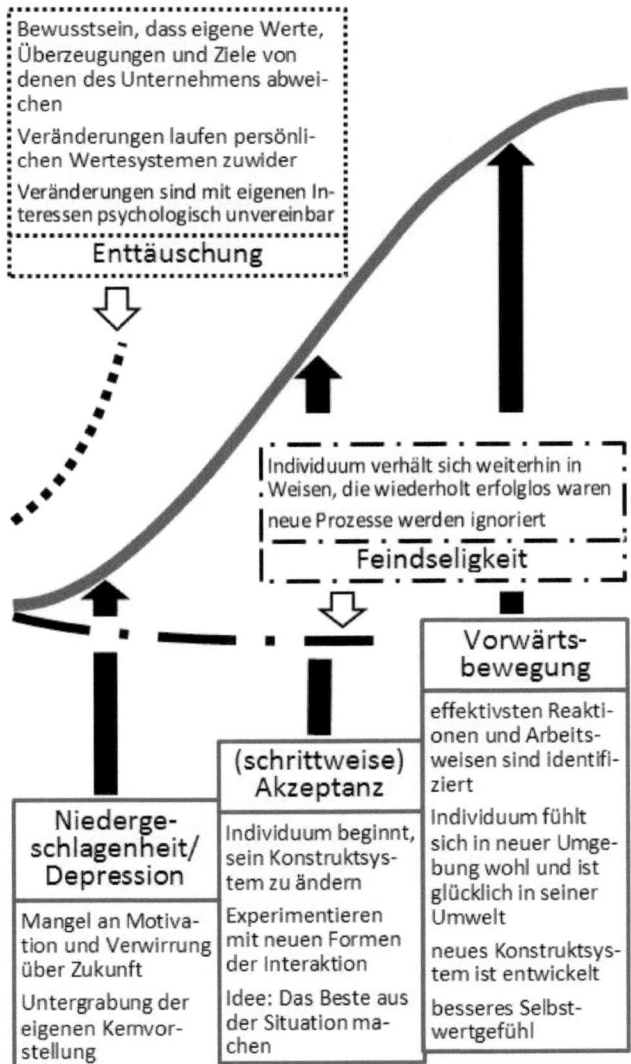

1. *Angst – Bewusstsein haben, dass ich nichts ändern kann –*

   Unser Bewusstsein geht davon aus, dass wir keinen Einfluss auf unsere Zukunft hätten.

   Wir sind unfähig uns eine Vorstellung zu machen, wie unsere Zukunft aussehen könnte, da wir annehmen, dass wir nicht genügend Informationen über die Zukunft haben, die es uns erlauben würden sie uns vorzustellen.

   Daher distanzieren sich viele Menschen von der Vorstellung, sich ihre Zukunft konstruieren zu können: „Ich kann da sowieso nichts verändern." oder „Alles was ich bisher verändern wollte, hat nicht geklappt."

2. *Vorfreude – Bewusstsein haben, dass andere unsere Sichtweise erkennen und teilen –*

Unser Bewusstsein geht davon aus, dass andere Menschen unsere Sichtweise erkennen und sie teilen.

Es setzt ein Gefühl der Erleichterung ein, dass sich etwas verändern kann und Veränderung möglich sein könnte sowie eine Erwartung und freudige Erregung angesichts der Möglichkeiten einer Verbesserung.

Zum anderen wird einem bestätigt, dass wir mit den eigenen Gedanken über die Unzulänglichkeiten der jetzigen Situation richtig lagen und sich zukünftig etwas ändern darf und wird. Wir schätzen zwar den gegenwärtigen Zustand, sind jedoch unzufrieden mit einem oder einigen Aspekten.

Wir erwarten Grandioses und sehen eine brillante Zukunft vor uns, indem wir uns ein **System der Veränderung** konstruieren (**Konstruktsystem**) und uns selber als erfolgreich wahrnehmen.

Die Gefahr in dieser Phase ist die überhöhte Erwartung der Veränderung: Wir glauben mehr von der Veränderung zu profitieren als es tatsächlich der Fall sein wird.

3. *Furcht – Bewusstsein einer lediglich geringfügigen Veränderung –*

Unser Bewusstsein geht von einer lediglich geringfügigen Veränderung aus, ohne unser Verhalten im Kern (Kern-Verhaltenssystem) verändern zu wollen.

Wir werden uns in anderer Weise als bisher verhalten müssen und das beeinflusst sowohl unsere Selbstwahrnehmung als auch die Wahrnehmung anderer Menschen von uns. Wir machen keine signifikanten Veränderungen in unserem alltäglichen Verhalten und hoffen, dass wir uns im Wesentlichen in ähnlicher Weise verhalten können wie zurückliegend. Jedoch nehmen wir lediglich an, uns für ein angemesseneres, eben zukunftsbezogeneres Verhalten entscheiden zu brauchen.

4. *Bedrohung – Bewusstsein von einer bevorstehenden umfassenden Veränderung unseres Verhaltens im Kern (Kern-Verhaltenssystem) –*

Wir nehmen eine große Veränderung in unserer Lebensweise wahr, die unsere zukünftigen Entscheidungen und die Wahrnehmung, die andere Menschen von uns haben, komplett verändern wird.

Wir sind unsicher, ob wir in der Lage sein werden zu handeln oder zu agieren in einer Umgebung, die potenziell vollkommen neu und fremdartig ist – „alte Verhaltensweisen" sind contra produktiv, „neue Verhaltensweisen" sind offen und noch nicht etabliert.

5. *Schuld – Bewusstsein von der Abweichung unseres Selbst von der eigenen Kern-Selbstwahrnehmung –*

Wir beginnen unsere Selbstwahrnehmung in Bezug darauf zu erkunden, wie wir in der Vergangenheit gehandelt haben und fangen an alternative Interpretationen zu erkunden, um somit unsere Vorstellung von unserem Selbst neu zu definieren.

Wir stellen somit im Allgemeinen fest, welches unsere Kern-Überzeugungen sind und in welchem Ausmaß wir ihnen bisher gerecht geworden sind. Erkennen wir die Unangemessenheit unseres früheren Handelns und dessen Konsequenzen, kann es das Gefühl von Schuld verursachen, wenn wir dessen Einfluss auf unser Verhalten erkennen.

6. *Niedergeschlagenheit (Depression) – Mangel an Motivation und Verwirrtheit –*

Diese Phase im Prozess der Veränderung ist gekennzeichnet durch einen allgemeinen Mangel an Motivation und durch Verwirrung.

Wir sind unsicher in Bezug auf die Zukunft und wie wir selber in diese zukünftige `Welt´ passen. Unsere Vorstellungen erscheinen uns überzogen und die daraus folgende Untergrabung unserer Kern-Vorstellungen von unserem Selbst machen uns orientierungslos. Sie nehmen uns das Gefühl für unsere Identität und die klare Vorstellung, wie wir uns verhalten könnten.

7. *(schrittweise) Akzeptanz – allmähliches Anerkennen seiner Ziele –*

In dieser Phase der Veränderung erschließt sich dem Individuum die neue Umgebung und beginnt sein Konstruktsystem durch das Eingestehen der neuen Situation und der eigenen Erfahrungen, zu verändern.

Wir experimentieren aktiv mit neuen Formen der Interaktion mit der Welt, schauen, ob sie passen und entscheiden, wie wir das Beste aus der Situation machen könnten.

8. *Vorwärtsbewegung/ Selbstzufriedenheit – Bewusstsein für effektive Reaktionen und Arbeitsweisen –*

Wir haben die für uns effektivsten Reaktionen und Arbeitsweisen identifiziert. Wir fühlen uns wohl in der neuen Umgebung und erinnern uns möglicherweise nicht einmal mehr genau daran, wie es einst war.

Wir haben ein **neues Konstruktsystem** entwickelt, ein **neues Selbst-Wert-Gefühl** geschaffen, mit dem wir zufrieden sind (**Selbstzufriedenheit**): Wir fühlen uns in unserer neuen Welt ʻrichtigʻ.

Weggabelungen bei Veränderungsprozessen

Die Veränderungskurve wird individuell unterschiedlich temporär verlaufen und kann durch **Abzweigungen** oder **Weggabelungen** einen anderen Verlauf nehmen als den durchgehenden. Somit haben Veränderungen kurz- oder langfristig in unterschiedlichem Maße Erfolg, je nach individueller Präferenzsetzung, Frustrationsbereitschaft und Beharrungsvermögen.

Jede Veränderung wirkt auf uns ein und erzeugt so einen Konflikt zwischen den eigenen Werten und Überzeugungen (Glaubenssätzen) sowie den antizipierten Veränderungen.

Als Weggabelungen bei Veränderungsprozessen sind zu nennen:

1. Verleugnung – Weigerung des (Unter-)Bewusstseins Veränderungen wahrzunehmen –
Ein individuelles Beharrungsvermögen kann dabei verhindern, unsere Sicht von der Welt zu erweitern und/ oder zu vertiefen.

Eine Gefahrenzone kann dabei in der **Verleugnung** liegen: Menschen beharren im Status quo, verhalten sich „wie immer" und verleugnen, dass überhaupt Veränderungen anstehen würden: „Das haben wir schon immer so gemacht" oder „Das haben wir noch nie so gemacht."

2. Enttäuschung – Täuschung unseres Bewusstseins –

Unser Bewusstsein fühlt sich getäuscht, da die individuellen Werte, Überzeugungen und Ziele von denen der unternehmerischen Welt abweichen.

Wir haben das Gefühl, dass die geforderten sowie erwarteten Veränderungen sich gegen unsere eigenen, besten Interessen wenden und/ oder unserem Wertesystem zuwiderlaufen – unser **psychologischer Vertrag** ist gebrochen worden.

Die Täuschung hat ein Ende – End-Täuschung tritt ein. Wir haben den Wunsch, das Unternehmen zu verlassen, kündigen innerlich und/ oder machen „Dienst nach Vorschrift".

3. Feindseligkeit – fortgesetztes Bemühen soziale Vorhersagen bereits erfolglosen Vorgehens zu validieren –

Unser (Unter-)Bewusstsein konzentriert sich auf soziale Vorhersagen, die bereits in der Vergangenheit erfolglos waren.

Es setzt sich ein Gefühl der **Feindseligkeit** gegenüber Veränderungen durch.

Wir verhalten uns in der Art und Weise, die wiederholt erfolglos waren und verabschieden uns innerlich vom Veränderungsprozess – wir sind nicht mehr Teil des Veränderungsprozesses und fühlen uns nur noch als Anhängsel der neuen Vorgehensweisen (Veränderungen).

Jeder Veränderungsprozess in Unternehmen erzeugt erneute mentale Veränderungen. Die durch diese Prozesse ausgelösten Gefühle überlagern sich kaskadenförmig und können zu unterschiedlichen gefühlsmäßigen Gemengelagen führen können.

kaskadenförmige Anordnungen von mehreren Veränderungskurven

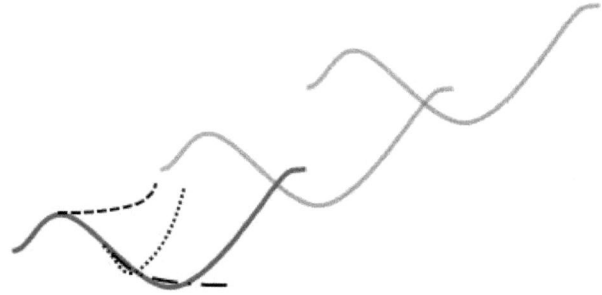

Die zehn sicheren Prinzipien für Ihren Erfolg im Empfehlungsmarketing[53]

Jeder Erfolg beruht auf prinzipiellen Aspekten, die es gilt, sich anzuschauen. Diese **Erfolgsprinzipien** lassen sich unterteilen in:

1. *Prinzip – Lieben und nutzen Sie Ihr Produkt –*

   Ein großer Teil Ihrer Glaubwürdigkeit beruht auf Ihrer **Begeisterung** für Ihre Ware. Ihre innere **Glaubwürdigkeit** ist Ihr größter Fundus, da Sie sich auf den Aufbau eines großen Netzwerkes konzentrieren dürfen. Je mehr SIE von Ihrer Ware begeistert sind, umso mehr werden SIE darüber sprechen und umso mehr wird IHRE ganze Gruppe die Waren nutzen und weiterempfehlen können. Begeisterung ist übertragbar!

2. *Prinzip – Machen Sie sich das Konzept des Empfehlungsmarketing zu Eigen –*

   Vertiefen Sie sich in alles, was Sie zu dem Thema Empfehlungsmarketing Positivem finden können. Studieren Sie diejenigen, die es bereits geschafft haben. Interessieren Sie sich für ihre Geschichten und lernen Sie, ihre Strategien und Vorgehensweisen zu verstehen und umzusetzen. Werden Sie zu einem Propheten des **„Vier-Jahre-Karriereplans" (4 statt 40 Jahre)**[54].

---

[53] In Anlehnung an: (Brooke, 2017)
[54] Vgl. Vier-Jahre-Karriereplan

Die meisten Interessenten haben eine festgelegte Meinung über dieses Konzept und wollen nicht davon abweichen. Wenn Ihre Überzeugung auf schwachen Beinen steht, werden die Anderen Sie beeinflussen, anstatt umgekehrt. Stellen Sie fest, dass andere Sie zu häufig beeinflussen, sind Sie bald `raus aus dem Spiel´. Sie brauchen ein tragfähiges Fundament und einige schnelle Erfolge, um Ihr Selbstvertrauen aufzubauen.

3. *Prinzip – Lernen Sie in jedem Menschen einen Interessenten zu sehen –*

Die Menschen können nicht einschätzen, dass sie Interessenten sind, sie sind wahrscheinlich nicht einmal auf der Suche. Aber stellen Sie sich einmal folgende Frage: Wenn jeder wüsste, was Sie wissen, würden dann die Menschen das Konzept nutzen?

Die Antwort lautet: – Natürlich! –

Was fehlt somit? – Die Menschen haben darüber noch kein Wissen.

Was wäre, wenn die anderen einen Blick in Ihren Kopf und Ihr Herz werfen könnten, damit sie dasselbe sehen wie Sie? – Würden sie mitmachen? –

Ja, die meisten würden dies tun, und die anderen würden Ihnen für Ihr Angebot danken und Ihnen Anerkennung zollen (anstatt Sie abzulehnen).

4. *Prinzip – Stellen Sie einfache, neugierig machende Fragen –*

Je mehr Sie über Ihren Interessenten wissen, umso leichter fällt es Ihnen, ein Angebot zu kreieren, welches dieser nicht ablehnen kann. Finden Sie heraus, was für diesen Menschen wichtig ist. Stellen Sie absichtsvolle, interessierende Fragen, jedoch ohne Erwartungen!

Fragen Sie absichtsvoll, jedoch ohne Erwartungen!
Eike Clausius

Was hat oder macht er gern? Wovon will er mehr oder weniger in seinem Leben haben? Beginnen Sie mit seinem Wohnort (wenn Sie ihn nicht kennen). Was gefällt ihm oder was gefällt ihm nicht daran? Wo würde er hingehen, wenn er wegziehen könnte? Was hält ihn zurück? Fragen Sie nach seiner Arbeit. Wie lange hat er schon diesen Arbeitsplatz? Was mag er an seiner Arbeit und was missfällt ihm? Was hält ihn davon ab, etwas zu tun, das ihm wirklich Freude bereitet?

5. *Prinzip – Erwecken Sie Vorstellungsbilder, seien Sie inspirierend und erschaffen Sie Visionen –*

Unsere Fähigkeit, uns etwas vorzustellen, das in unser Leben treten soll, setzt **Inspiration** frei. Die Vorstellung von einem friedlichen, fröhlichen und erfülltem Leben voller Liebe und Überfluss verändert augenblicklich die chemischen Vorgänge in unserem Körper, so, als ob wir es getan hätten. Wenn wir uns etwas bestimmtes Wünschenswertes vorstellen, setzen wir damit positive Energie (**Motivation**) frei, um zur Tat zu schreiten.

*Das Glück Deines Lebens hängt
von der Beschaffenheit Deiner Gedanken ab!*
Marc Aurel

Wir setzen damit Prioritäten, was uns wirklich wichtig ist. Mit diesen Vorstellungsbildern erschaffen wir mental Bilder von Objekten ... wir wollen diese Bilder realisieren. Wir setzen somit neue Prioritäten, wir wollen etwas verändern und uns etwas Neuem widmen, wie beispielsweise einem neuen Geschäft, das wir fünf Minuten zuvor noch vehement abgelehnt haben.

Bitten Sie Ihren Interessenten sich einmal vorzustellen, wie es wäre, wenn er jeden Monat eine regelmäßig `**Zweites Gehalt**´ als Bonuszahlung von 1.000€ erhält (oder einen anderen Betrag, von dem Sie wissen, dass er motivierend wirkt).

6. *Prinzip – Zeigen Ihrem Interessenten, wie es geht –*

Motivierte Menschen lassen sich gerne anleiten. Warum auch nicht? Sie brauchen Ihr Wissen, Ihre Erfahrung und Ihre Position im Empfehlungsmarketing, um ihre Ziele erreichen. Nutzen Sie Ihre Stellung im Unternehmen und zeigen Sie den Neuen, was genau sie zu tun haben. Nutzen Sie auch die Vorbildfunktion anderer Partner, zeigen deren Pläne und Einkommen, und erklären Sie den Neuen, was sie tun dürfen, um genauso viel zu erreichen. Wenn Sie es ihnen nicht zeigen, werden sie das Erforderliche nicht tun! Nutzen Sie deren und Ihre Zeit zum Vorteil aller – somit vergeuden Sie weder deren noch Ihre eigene Zeit!

7. *Prinzip – Warten Sie auf niemanden –*

Stellen Sie **herausfordernde Anforderungen.** Damit sortieren Sie diejenigen aus, die nicht zu einer wirklichen Kooperation mit Ihnen interessiert sind. Sie müssen die Menschen dazu auffordern, das Notwendige zu tun!

Stellen Sie hohe Anforderungen. Geben Sie ihnen die Möglichkeit, sich selbst für den Erfolg oder das Scheitern zu entscheiden, anstatt vor aller Augen langsam einzugehen. Manche Menschen jammern lieber, statt zu arbeiten. Sie erzählen lieber Geschichten, als erfolgreich zu sein. Sie haben es lieber, dass Sie auf sie warten, während sie das `**Haar in der Suppe**´ oder die `**Abkürzung**´ suchen. Das sind die **Vampire des Empfehlungsmarketing.** Diese Menschen werden Ihnen mit ihrer `**Aufschieberitis**´ und ihren **Ausreden** sowie mit ihren brillanten Fähigkeiten, die Möglichkeiten aufzeigen, die nicht funktionieren, und somit Ihr **Momentum** bremsen und Sie lahmlegen. Für sie ist es viel leichter, ihre Selbstverpflichtung zum Mittelmaß zu rechtfertigen, wenn Sie mit ihnen unten bleiben. Schütteln Sie sie ab! Wenn es sich um Freunde oder Familienmitglieder handelt, dann behalten Sie sie als solche, erklären Sie ihnen, was SIE machen – und halten Sie sie vom Geschäft fern.

8. *Prinzip – Halten Sie Ihre Motivation hoch –*

Motivation ist das Geheimnis des Erfolgs!

Wenn Sie in einer emotionalen Abwärtsbewegung sind, stoßen Sie alle benötigten Dinge von sich weg und tuen genau das Gegenteil von dem, was Sie eigentlich tun sollten.

Wenn Sie für die Unausweichlichkeit Ihres Strebens Feuer und Flamme sind, dann sind Sie auch ein **Licht**, eine **Kerze** oder **Feuer** für manch andere Menschen. Sie lodern und können andere entzünden und zum Leuchten bringen! Sie sind enthusiastisch, mutig, energiegeladen, ausdauernd und kreativ. Dies sind die Grundlagen, um die Dinge in Bewegung zu bringen und alles Gewünschte anzuziehen (**Gesetz der Resonanz**). Denn wenn Sie brennen, ist der Erfolg natürlich, leicht und Freude bringend. Sie verschenken Glück und werden glücklich.

9. *Prinzip – Schaffen Sie Momentum –*

Beim Aufbau eines Netzwerkes darf ein großes **Trägheitsmoment** überwunden werden. Dies lässt sich mit dem Anschieben eines Autos an einem Hügel vergleichen. Man benötigt hierbei vergleichsweise sehr viel mehr Energie, um es den Berg hinabzuschieben oder rollen zu lassen. Das Auto ins Rollen zu bringen bedeutet Anstrengung und Ausdauer. Es sind beständige (Herkules-)Anstrengungen aufzubringen, um es die Anhöhe hinaufzuschieben. Und was passiert, wenn Sie eine Pause einlegen? Richtig, der Wagen rollt zurück und Sie müssen wieder von vorn beginnen – eine **Sisyphusarbeit**, das heißt eine schwere, nie ans Ziel führende Arbeit.

Wenn Sie jedoch dranbleiben und alles Erforderliche tuen (**T-U-N**), um oben auf den Hügel zu gelangen – was geschieht dann? Richtig - das Auto beginnt ganz von allein zu rollen und Fahrt aufzunehmen und Sie bräuchten wiederum Herkuleskräfte, um es anzuhalten. Sie haben **MOMENTUM** geschaffen!

10. *Prinzip – Gehen Sie in Ihrer Führungsrolle auf, als ob dies das Ziel Ihres Lebens ist –*

In einer erfolgreichen **Karriere im Empfehlungsmarketing** kommt zuerst

1. *das innere Vorstellen des Erreichten (**Imagination**), dann*
2. *das massive Handeln (**Momentum**) sowie die umfassende Entwicklung, dann*
3. *das massive Einkommen und dann ... `ein Leben nach dem Geld´, das heißt, das finanzielle Feld ist offen.*

Ein Leben, in dem Sie sowohl für Ihre Liebsten da sind, als auch ein Leben mit der **Freiheit**, das zu tun, **was** Sie tun wollen, **wo** Sie es tun wollen, **mit wem** Sie es tun wollen und **wann** Sie es tun wollen. Dazu kommt das beruhigende Wissen, dass Sie den Scheitelpunkt des Hügels überwunden haben. Sicherlich mag es noch einige Hindernisse geben, doch Sie sind auf einem guten Weg. Sie gehen in Ihrer Führungsrolle für den Rest Ihres Lebens auf, und leben den Teil, der Ihnen bisher vielleicht gefehlt hat.

Empfehlungsmarketing ist damit vergleichbar, eine **Elefantenherde** zu hüten: Ihre Aufgabe besteht darin, eine große Anzahl von Menschen dazu zu inspirieren, Dinge zu tun, die sie von selbst normalerweise nie tun würden, und sie mit Begeisterung mitzunehmen – und das zu Tausenden. Elefanten wird bereits als Baby die Erfahrung gelehrt nicht weglaufen zu können, indem den kleinen Geschöpfen ein großes dickes Seil an ihrem hintern Fuß gebunden wird, das verhindert, dass sie weglaufen. Damit wird ihnen frühzeitig beigebracht, wie groß ihr Bewegungsradius zu seien scheint. Wenn die Elefanten ausgewachsen sind, werden sie nach getaner Arbeit an ihren Schlafplatz geführt und wir wundern uns, wieso die Elefanten nicht weglaufen, da sie lediglich mit einem dünnen Seil an einem, für sie kleinen, im Boden verankerten Stab angebunden sind. Ihnen fehlt das Feuer wegzulaufen. Sie `wissen´, das Seil am Fuß, hält sie zurück!

Diese Elefantenherde begleiten Sie nun in das Land Ihrer Wünsche. Dafür müssen Sie zunächst einmal ein außergewöhnlicher Anführer sein, und zusätzlich benötigen Sie auch eine Menge guter Helfer. Ihre Führungsstärke und Ihre Fähigkeit, andere zu inspirieren und zu Führungskräften zu machen, bestimmen darüber, wie viel Sie erreichen werden und in welchem

Maß sich Ihr Erfolg von selbst vervielfältigen (duplizieren/ multiplizieren) wird. Sie dürfen Ihrer Herde `Feuer machen´, da die meisten schon von klein auf gelernt haben, wo ihr `Bewegungsradius´ ist.

Empfehlungsmarketing stellt einen brillanten **Karriereweg** dar, ganz gleich, ob Sie sich mit 20, 40 oder 80 Jahren dafür entscheiden, welche Hautfarbe, welche Bildung oder welche körperlichen Einschränkungen Sie haben. Wenn Sie es intelligent anstellen, und Sie sich **Mentoren** suchen, von denen Sie sich unterstützen lassen, können Sie es in vier Jahren geschafft haben (**4 statt 40 Jahre!**)[55]. Dann gestalten Sie Ihr Leben über das Geld hinaus – frei von finanziellen Zwängen und Einschränkungen... und die Erfüllung Ihrer Träume stellt sich ein!

---

[55] Vgl. **Vier-Jahre-Karriereplan**

Die zehn überwindbaren Hürden vor Ihrem Erfolg im Empfehlungsmarketing[56]

Jeder Misserfolg beruht auf prinzipiellen (mentalen) Aspekten, die es gilt, sich anzuschauen. Wer (un-)bewusst Hürden aufbaut, kann sein mögliches Versagen darauf schieben.[57]

> *Hindernisse (oder Hürden) können*
> *mich nicht erschüttern.*
> *Jedes Hindernis beugt sich vor*
> *ernsthafter Entschlossenheit.*
> *Wer sich an den Sternen ausrichtet,*
> *ändert seinen Sinn (Ausrichtung) nicht.*
> **Leonardo da Vinci**

Es gilt zehn Hürden auf dem Weg zum Ziel ein erfolgreiches Empfehlungsmarketing zu erkennen und auszuräumen:

1. *Hürde – Keine oder zu kleine Träume, Visionen und Ziele –*

Der Mensch braucht Ziele. Große Ziele. Denn nur große Ziele fordern Sie auch ausreichend heraus, auch in diesem und den nächsten Jahren gewisse Dinge zu tun, die Sie ans Ziel bringen oder gewisse Dinge nicht mehr zu tun, die Sie bisher davon abgehalten haben.

Kleine **Träume**, **Visionen** und **Ziele** haben nur eine kleine **Power**. Keine Ziele haben keine Power. Logisch, oder? Große Ziele setzen jedoch große Po-

---

[56] In Anlehnung an: (Pilsl, 2016)
[57] Vgl. (Otto, 2017, S. 21)

wer frei - auch wenn dann das große Ziel nicht ganz erreicht wird.

2. *Hürde – Zweifelnde Gedanken –*

Zweifelnde Gedanken, von Natur aus kritisch und misstrauisch seinen (Mit-)Menschen gegenüber und glaubend den Möglichkeiten, die sich in der heutigen Zeit bieten, kontrollierend sein zu müssen.

Viele Menschen kommen im Leben nicht weiter, weil sie **zu** kritisch, **zu** kontrollierend und **zu** misstrauisch sind. Manche `Mitbewohner´ sind sogar noch stolz darauf, ein kritischer, kontrollierender und misstrauischer `Gast´ auf dem Planet sein zu dürfen.

Wer steht sich da wohl am Meisten im Weg? – Wir selber!

Sagen Sie mir einen Grund, warum andere Menschen Ihre Nähe suchen sollten oder den Weg mit Ihnen gehen sollten oder mit Ihnen kooperieren sollten, wenn Sie so kritisch, kontrollierend und misstrauisch sind? Das ist doch für die Menschen um Sie herum überhaupt nicht attraktiv! Oder?

Gegenseitiges Vorschuss-**Vertrauen** und insbesondere `**Gott**´-**Vertrauen** sind der Anfang großer Dinge. Vorschuss-**Misstrauen** ist ein Samenkorn, das sicherlich nicht jene Frucht hervorbringt, die Sie sich wünschen. Misstrauen kostet viel Geld. Viel Geld wird in der heutigen Zeit durch Misstrauen vergeudet - Geld wird gewissermaßen `ver-miss-traut´.

3. *Hürde – Ein widerwilliges Herz –*

Ein **widerwilliges Herz** bedeutet eine Rebellion gegen alle möglichen Dinge und Themen, sogar gegenüber einem möglichen Plan `Gottes´ für Ihr Leben.

Manche Menschen haben ein sehr widerwilliges Herz und erkennen es selbst nicht. Sie sind gegen alles und jedes, müssen alles kommentieren, obwohl sie gar nicht dafür zuständig sind, und nehmen sich dadurch selbst die Freude, die Power, die sie so dringend brauchen würden für die Realisierung ihrer Träume, Visionen und Ziele.

Sie kommentieren ständig das, was andere falsch machen, als sich darauf zu fokussieren, was sie selbst in ihrem Leben - auf ihre Art und Weise - realisieren möchten.

Viele Menschen frönen der **Besserwisserei**, müssen immer das letzte Wort haben, tun sich sehr schwer beim Hinhören[58] ... und sind Weltmeister in der Disziplin `Schuldzuweisen´. Sie sind `giftig´. Das kostet viel Energie, die nichts bringt, ist für andere Menschen überhaupt nicht attraktiv und bringt Sie keinen Schritt weiter. Sie vergiften ihre Umgebung.

---

[58] Vgl. zu Hinhören: (Clausius, 2018)

4. *Hürde – Eigennützige Motive –*

Egoistische Menschen, bei denen sich alles um sich selbst dreht, sind überhaupt nicht anziehend – Sind Sie eigennützig?

Egoistische Menschen, die nur für sich selbst Ziele setzen und immer von ihren egoistischen Träumen sprechen, haben keinerlei Anziehungskraft. **Egoisten** haben es sehr schwer auf diesem Planeten, weil niemand freiwillig ihre Nähe sucht.

Egoismus ist wie Mundgeruch: Jeder riecht es, nur Sie nicht und wundern sich, warum die Leute einen Bogen um Sie herum machen. Sie stehen sich selbst im Weg.

Es geht nicht um Sie auf dieser Welt. Es geht darum, dass es durch Sie anderen Menschen bessergeht.[59]

Dass, was Sie auf andere Menschen ausstrahlen,
kommt auf Sie als Reflektion zurück.
Eike Clausius

Die zentrale Frage lautet:

Was haben andere Menschen davon,
dass es Sie gibt?
Karl Pilsl

---

[59] Vgl. dazu: Geben ist seliger denn Nehmen (Apostelgeschichte 20,35)

5. Hürde – eigene Philosophie –

"Ich hab´ da meine eigene Philosophie" sagen viele Menschen. Sie sind ganz stolz darauf, dass sie ihre eigene Philosophie haben, und wundern sich, dass sie im Leben nicht weiterkommen und jedes Jahr die gleichen Probleme produzieren. Es kann durchaus sinnvoll sein, seine eigene Meinung, seine eigene Philosophie zu haben. Sind Sie stolz darauf einen `eigenen Standpunkt´ zu haben?

Der Horizont vieler Menschen ist wie
ein Kreis mit Radius Null.
Und das nennen sie dann ihren Standpunkt.
Albert Einstein

Wenn Sie einen `Standpunkt´ haben, müssen sie jedoch auch bereit sein, die Konsequenzen Ihrer Philosophie zu tragen: Wenn Sie in Deutschland - weil Sie Australier sind - mit Ihrem Auto immer links fahren, weil das ihre Philosophie ist, dann müssen Sie auch bereit sein, die Konsequenzen dieser Philosophie zu tragen. Von Flensburg bis zum Friedhof ist da alles möglich, nur wegen Ihrer Philosophie.

Es gibt Gesetzmäßigkeiten, die wir nicht ändern können. Wir müssen daher lernen, in den **Spielregeln Gottes** (**Spielregeln der Natur**, **des Lebens**, **des Geistes**, **des Universums**) zu fließen, um in die Fülle des Lebens zu kommen. Es lohnt sich! Ihr Leben wird dann immer einfacher und erfüllter.

6. *Hürde – ausgeprägtes Beharrungsvermögen –*

Mangelnde Veränderungsbereitschaft – auch **Beharrungsvermögen** oder auch "**Bequemlichkeit**" oder „**Comfort-Zone**" genannt.

Viele Menschen kommen im Leben nicht weiter oder nicht sehr weit, weil sie sich scheuen, Dinge aufzugeben, zu ändern, den Arbeitsort oder auch den Wohnort zu wechseln usw.

Nur, wenn Sie bereit sind, Dinge zu tun,
die Sie noch wie getan haben,
dann können Sie Dinge erleben,
die Sie noch nie erlebt haben.
Karl Pilsl

Nur, wenn Sie bereit sind, Wege zu gehen, die Sie noch nie gegangen sind, können Sie Dinge erleben, die Sie noch nie erlebt haben.

Es ist verrückt zu meinen, in diesem Jahr eine neue bessere Ernte einzufahren, wenn Sie in diesem Jahr das gleiche Samenkorn auf den gleichen Acker säen wie die Jahre zuvor.

Lernen Sie das **Gesetz von Saat und Ernte** und lernen Sie auch, den richtigen **Ackerboden** (Zielgruppe) für Ihr **Saatgut** (z.B. Ihre Talente) zu finden und Sie werden ganz sicher eine neue Ernte einfahren. Und Ihr Herz jubelt, „ ... denn der Herr gibt es den Seinen im Schlaf."[60]

---

[60] Vgl. Die Bibel: Psalm 127/1.

7. *Hürde – Mangelnde Lernbereitschaft –*

Mangelnde Lernbereitschaft bedeutet eine `Kenn-ich-ja-eh-schon´-Einstellung vorzuleben.

Es gibt zwei Arten von Menschen:

1. Jene, die meinen, sie wüssten schon alles, kennen schon alles, alles besser wissen als andere Menschen, aber auch

2. solche Menschen, die mit zunehmendem Alter und Erfahrung immer hungriger werden nach neuen Informationen, neuem Wissen und ganz besonders nach fortwährender Inspiration für ihr Betriebssystem (Geist).

Zu welcher Gruppe gehören Sie?

Wenn Sie wirklich alles schon wüssten, dann sollten Sie sich folgende Fragen stellen:

1. Warum sind Sie dann noch nicht dort, wo Sie gerne sein möchten und warum leben Sie immer noch im Mangel – gesundheitlich und/ oder finanziell?

2. Woher wissen Sie, dass es keine weiteren Mentoren gibt, die vielleicht viel in den letzten Jahren dazugelernt und dazu erfahren haben – das Erfahrungswissen wächst.

3. Woran liegt es, dass Sie lediglich Wissen gesammelt haben, jedoch dieses nicht zum Positiven umgesetzt haben? Waren Sie lediglich Tourist bei Seminaren, Workshops und Vorträgen?

8. *Hürde – chaotische Gedankenwelt –*

Eine chaotische Gedankenwelt durch eine mangelnde Gedanken- und damit Sprach-Hygiene

Sie wissen ja: Der **INPUT bestimmt den OUTPUT**. Das werden Sie nicht ändern können. Was sich der Mensch hineinzieht, ist das, was wieder rauskommt. Wie bei der Zahnpasta Tube. Wenn sie unter Druck kommt, kommt das raus, was drin ist, was jemand eingefüllt hat, nicht unbedingt das, was draufsteht.

Manche Menschen haben alles unter Kontrolle, nur nicht ihre **Gedankenwelt**. Sie ziehen sich Dinge rein, lesen Sachen, schauen Filme, umgeben sich mit Menschen, was ihr Denken total vernebelt, verdirbt, `versaut´ oder `ver-TV-t´. Warum wundern Sie sich, dass Sie keine **Konzentrationsfähigkeit** mehr haben, Dinge falsch beurteilen (aufgrund Ihres falschen Inputs), wenn Sie unter Druck kommen `rutschen´ Worte raus, die andere Leute total abschrecken und oft sogar dadurch Ihren bisher guten Ruf verlieren.

Schauen Sie sich wirklich gut an, womit Sie sich jeden Tag im Jahr füllen! Eine chaotische Gedankenwelt bringt als Ernte ein chaotisches Leben. Bei manchen Menschen ist dringend `**Gehirnwäsche**´ angesagt, weil sie Ihr Gehirn so stark mit Unrat verschmutzt haben und sich wundern, dass niemand mit Ihnen und Ihren Gedanken etwas zu tun haben möchten.

9. *Hürde – Umgang mit negativen Menschen –*

Sage mir, mit wem Du umgehst und ich sage Dir, was aus Dir wird![61]
Eike Clausius

Sie wundern sich vielleicht, warum Ihre Ziele im zurückliegenden Jahr sich wieder nicht materialisiert haben.

Sie wundern sich vielleicht, warum Ihre **Power**, Ihre Freude am Jahresanfang sogar geringer war als noch vor einem Jahr.

Sie haben sich ganz einfach wieder mit den nicht zu Ihnen passenden Menschen umgeben und beschäftigt, die mehr Energie von Ihnen abgezogen haben, als Sie gewonnen haben.

Das sagt uns doch schon der Hausverstand: Wenn Sie sich beim Auto immer das Benzin absaugen lassen und ganz vergessen darauf, regelmäßig selbst zur Tankstelle zu fahren um wieder ´vollzutanken´, wird Ihnen Ihr ´Ferrari´ mit all seiner ´Gescheitheit´ nichts mehr nutzen. Sie kommen nicht weiter, Sie sind sogar festgefahren bzw. abgestellt am ´Parkplatz der Frustrierten´.

Wenn Sie sich in diesem Jahr mit den gleichen Menschen umgeben wie in den letzten Jahren zuvor und den gleichen Input haben wie in den letzten Jahren und Sie sich genauso absaugen lassen

---

[61] In Anlehnung an: „Sage mir, mit wem du umgehst, so sage ich dir, wer du bist; weiß ich, womit du dich beschäftigst, so weiß ich, was aus dir werden kann." Johan Wolfgang von Goethe

von Menschen, die alles negativ sehen wie bisher, dann wird dieses Jahr ebenso enden wie das letzte Jahr!

10. *Hürde – Wankelmut –*

Keine konsequenten **End-Scheidungen**[62] zu treffen und für andere nicht berechenbar zu sein, ist **Wankelmut**.

Vieles können andere Menschen für Sie tun, nur nicht die für Sie besten End-Scheidungen treffen. Vieles können andere Menschen für Sie tun, aber für die Menschen um Sie herum berechenbar zu sein, das müssen Sie selbst.

Menschen, die keine End-Scheidungen treffen:
1. kommen im Leben nicht weiter,
2. sind nicht attraktiv und
3. bleiben immer dort, wo sie sind, das heißt, sie werden von anderen Menschen gelebt und dorthin geführt, wohin sie gar nicht wollten.
Zu welcher Gruppe von Menschen möchten Sie gehören?

Nachhaltig Erfolg verpflichtete Menschen sind berechenbar. Sie treffen End-Scheidungen, wenn es dran ist (nicht später), sie treffen gute End-Scheidungen, weil sie mutig sind. Denn eine mutig ge-

---

[62] **End-Scheidung** beschreibt das Ende eines Zustandes und sich von diesem loszulösen, zu scheiden.

troffene Fehl-End-Scheidung ist immer noch viel besser als aus Wankelmut, Angst und Sorge keine End-Scheidung getroffen zu haben. Auch eine nicht getroffene End-Scheidung, ist eine End-Scheidung!

Nachhaltig Erfolg verpflichtete Menschen haben eine klare Sicht und sind in ihrem Innersten so gefestigt, dass sie jederzeit die Power haben, End-Scheidungen zu treffen und diese konsequent umzusetzen.

Ich weiß das aus meiner eigenen 30-jährigen Erfahrung als Unternehmer, Networker, Professor, Autor und Coach.

Jedes beginnende Neue Jahr - ebenso wie jeder neue Tag(!) - ist für jeden von uns ein noch unbeschriebenes Blatt. Was werden wir wohl aus den 365/ 366 Tagen - oder dem heutigen Tag - machen?

Es ist Ihre(!) Entscheidung – Die Entscheidung jedes Einzelnen!

Dennoch stellen viele Menschen am Ende des Jahres - oder des Tages - fest, dass vieles nicht stattgefunden hat. Woran mag das liegen? Kann es sein, dass Verlierer sich auf (Risiken) ihre Hürden konzentrieren – Sieger sich auf ihre Chancen?!

Verlierer konzentrieren sich auf Risiken -
Sieger konzentrieren sich auf Chancen!
Karl Pilsl

Möchten Sie sich end-scheiden und Sie sich auf Ihre Chancen konzentrieren oder auf Ihre Hürden?

Ich wünsche Ihnen die Kraft der End-Scheidung und freue mich auf einen gemeinsamen Weg mit Ihnen!

Notizen

Abkürzungsverzeichnis

EM	**E**mpfehlungs**M**arketing
EMK	**E**in **M**arkantes **K**aufhaus
FN	**F**ußnote
MLM	**M**ulti-**L**evel-**M**arketing
NWM	**N**etwork-**M**arketing

Sinnsprüche

Albert Einstein -> 188
arabisches Sprichwort -> 50
Assisi, Franz von -> Franz von Assisi -> 142
Aurel, Marc -> Marc Aurel -> 178
Charles Darwin -> 69
Clausius, Eike -> Eike Clausius -> 18, 30, 58, 59, 59, 68, 70, 72, 108, 127,
    147, 177, 187, 192
Da Vinci, Leonardo -> Leonardo Da Vinci -> 106, 184
Darwin, Charles -> Charles Darwin -> 69
Devos, Richard -> Richard DeVos -> 29
Ebner-Eschenbach, Marie Freifrau von -> Marie Freifrau von Ebner-
    Eschenbach-> 149
Eike Clausius -> 18, 30, 58, 59, 59, 68, 70, 72, 108, 127, 147, 177, 187, 192
Einstein, Albert -> Albert Einstein -> 188
Ford, Henry -> Henry Ford -> 49, 50
Franz von Assisi -> 142
Gerber, Michael E. -> Michael E. Gerber -> 18
Hans Christoph von Rohr -> 32
Henry Ford -> 49, 50
John D. Rockefeller -> 21
Karl Pilsl -> 29, 187, 189, 194
Karl Valentin -> 162
Kiyosaki, Robert -> Robert Kiyosaki -> 64
Laotse -> 7
Leonardo Da Vinci -> 106, 184
Marc Aurel -> 178
Marie Freifrau von Ebner-Eschenbach-> 149
Michael E. Gerber -> 18
Pilsl, Karl -> Karl Pilsl -> 187, 189, 194
Richard DeVos -> 29
Robert Kiyosaki -> 64
Rockefeller, John D. -> John D. Rockefeller -> 21
Rohr, Hans Christoph von -> Hans Christoph von Rohr -> 32
Valentin, Karl -> Karl Valentin -> 162
Zig Ziglar -> 17

Literaturverzeichnis

Andes, W. (2. Aufl., 2005). Die Kraft von Network Marketing. Eine seriöse Vertriebsform für unternehmerisch denkende Menschen. *Schnellbach.*

Brooke, R. (2017). https://www.mlm-training.com/die-zehn-unfehlbaren-gesetze-fuer-deinen-erfolg-im-network-marketing/. *Abgerufen am 25. 08 2017.*

Bundesverband, N. M. (Version 2.01 2005). Network Marketing - eine neue Selbstständigkeit. *Abgerufen am 10. 5. 2015 von http://mlm18.de/wp-content/uploads/2012/10/Bundesverband-Network-Marketing-und-Prof.-Dr.-Michael-M.-Zacharias-Was-ist-Network-Marketing.pdf*

Clausius, E. (1998). Betriebswirtschaftslehre I - Einführung in hierarchischen Modulen *(Bd. 1). München: Oldenbourg.*

Clausius, E. (1999). Betriebswirtschaftslehre II - Finanzierung und Investition in hierarchischen Modulen *(Bd. 2). München: Oldenbourg.*

Clausius, E. (2012). Vom Wutbürger zum Mutbürger – Wie Gedankenenergien die Gesellschaft verändern können. In T. V. Masárová, Personalmanagement in bewegten Zeiten *(S. 323-328). Plauen: M&S Verlag.*

Clausius, E. (2014). BetriebsWirtschaftsLehre - Band 1 - Einführung. *Norderstedt: BoD-Books on Demand.*

Clausius, E. (2015). Paradigmenwechsel in der Wirtschaft - von der rationalen zur emotionalen Intelligenz. *Norderstedt: BoD-Books on Demand.*

Clausius, E. (2016a). Betriebswirtschaftslehre - Eine Einführung in hierarchischen Modulen, Band 7 – Unternehmensrechnung - Finanzbuchhaltung. *Norderstedt: BoD-Books on Demand.*

Clausius, E. (2016b). Betriebswirtschaftslehre - Eine Einführung in hierarchischen Modulen, Band 8 – Unternehmensrechnung - Betriebsbuchhaltung. *Norderstedt: BoD-Books on Demand.*

Clausius, E. (2018). Megaerfolg durch einfühlsames Hinhören - Wie Sie Ihre Geschicklichkeit im Umgang mit Menschen erhöhen können. *Norderstedt: BoD-Books on Demand (in Vorbereitung).*

Clausius, E., & Schütz, M. (2014). Die Schattenseite des Erfolgs – Produktpiraterie im Maschinen- und Anlagenbau. *Norderstedt: BoD-Books on Demand.*

dab/dpa. (02. 12. 2014). Abrechnung des Ex-Arbeitsministers: Blüm hält die Rente nicht mehr für sicher. *Abgerufen am 08.*

08. 2015 von http://www.spiegel.de/wirtschaft/soziales/norbert-bluem-haelt-rente-nicht-mehr-fuer-sicher-a-1006121.html

Failla, D. (2002). Ihre Zukunft - Das Erfolgskonzept - Wie Sie jetzt ein zusätzliches Einkommen von 2.000,-€ und mehr von Ihrem Wohnzimmer aus aufbauen! *Fellbach: MOM Media Medien- & Verlagsges. mbH.*

Failla, D. (2008). Die 45-Sekunden Präsentation, die ihr Leben verändern wird *(2. Aufl. Ausg.). Innsbruck.*

Fisher, J. M. (2000). The process of transition. *Abgerufen am 21. 03 2018 von www.c2d.co.uk/techniques/process-of-transition*

Gallup GmbH & Financial Times Deutschland. (2017). Gallup Engagement Index 2016: Schlechte Chefs kosten deutsche Volkswirtschaft bis zu 105 Milliarden Euro jährlich.

H., C. R. (1915). Acres of Diamonds *(ISBN 9781532815614 Ausg.). (Amazon, Hrsg.) Poland: Amazon Fulfillment Poland.*

Ihringer, U. W. (März 2014). Die neue Selbständigkeit - Warum Network Marketing boomt -. Network Press, 7(41), 48-56.

Kiyosaki, R. (2012). Das Geschäft des 21. Jahrhunderts. *Innsbruck.*

Kremer, A. J. (2000). Reich durch Beziehungen. Durch die richtigen Kontakte zum Erfolg. *Landsberg am Lech: verlag moderne industrie.*

Müller-Ebert, B. (2017). Wenn ich sein werde, wer ich sein will. Psychologie Heute compact, Heft 51, *S. 8 sowie 46-49.*

Otto, A. (44. Jahrgang, Heft 11 2017). Selbstsabotage! Warum wir uns manchmal selbst im Wege stehen - und was wir dagegen tun können. Psychologie Heute, *S. 18-23.*

Pilsl, K. (2013). Christen im Network-Marketing. Wir bauen kein Geschäft auf und benutzen dazu Menschen. Wir bauen Menschen auf und benutzen dazu ein Geschäft,. *Stuttgart.*

Pilsl, K. (2016). Wie kann ich in Zeiten wie diesen meine Zukunft sichern? *Abgerufen am 05. 11 2016 von https://www.wirtschaftsrevolution.de/seminars/in-zeiten-wie-diesen-zukunft-sichern.aspx.*

Pilzer, P. Z. (2002). Die nächste Billion. Weshalb die Wellnness-Branche die 1 Billion Euro schwere Gesundheitsbranche (Krankheitsbranche) in den nächsten 10 Jahren übertreffen wird. Gekürzte Fassung. *Düsseldorf.*

Rohr, H. C. (2015). Unsere Arbeit - Fachkräfte und MINT. *Abgerufen am 20. 02 2015 von https://www.deutscherarbeitgeberverband .de/dav_fachkraefte_und_mint.html*

Saint-Exupéry, A. d. *(1998). Der kleine Prinz (52. Ausg.). Karl Rauch.*

Sales, T. *(2016).* Ist MLM ethisch und legal? Oder ist MLM einfach nur Betrug? *Abgerufen am 16. 11. 2016 von http://www.network-karriere.de/index.php?module=News&func=display&sid=22578*

Steiner, G. *(2014).* Von Mensch zu Mensch - Einkommen und Perspektiven durch Empfehlungsmarketing *(3. Ausg.). Weinstadt: Andreas Steiner e.K.*

Steiner, G. *(2015).* Von Mensch zu Mensch 2 - Erkenntnisse und Geschichten. *Weinstadt: Andreas Steiner e.K.*

Tepperwein, K. *(2005).* Lebenskünstler leben leichter. Güllesheim.

Valentin, K. *(10. 02 2018).* http://www.karl-valentin.de/zitate/zitatedatenbank.htm. *Abgerufen am 10. 02 2018 von http://www.karl-valentin.de/zitate/zitatedatenbank.htm*

Worre, E. *(2013).* GoPRo - 7 Schritte zum Network Marketing Profi. *Innsbruck: Life Success Media GmbH.*

Notizen

Sachwortregister

Nutzung des Sachwortregisters beim E-Book:
    Den Begriffsinhalt zum Sachwort finden Sie, indem Sie den blauen Pfeil verwenden.
Nutzung des Sachwortregisters beim Buch:
    Den Begriffsinhalt, indem das Sachwort steht, finden Sie unter der Seitenangabe.

– Umgang mit negativen Menschen -> 192
– Wankelmut -> 193
(schrittweise) Akzeptanz -> 171
`Gott´-Vertrauen-> 185
‚Die Macht der dritten Person' -> 83

1
1-3-5-7-Regel -> 158
1er-Duplikation -> 51
1er-Duplikation, Zahlenbeispiel einer monatlichen 1er-Duplikation -> 101
1er-Duplikation, Zahlenreihe einer 1er-Duplikation -> 51

2
2er-Duplikation -> 51
2er-Duplikation, Zahlenreihe einer 2er-Duplikation -> 52

3
3er-Duplikation -> 104
3er-Duplikation, Zahlenreihe einer 3er-Duplikation -> 52

4
4 statt 40 Jahre -> 175, 183
4er-Duplikation, Zahlenreihe einer 4er-Duplikation -> 54
4-Jahre-Karriereplan -> Vier-Jahre-Karriereplan -> 175
4-statt-40-Jahre-Plan -> 147, 175, 183

5
5er-Duplikation -> 51
5er-Duplikation, Zahlenreihe einer 5er-Duplikation -> 55

A
Abkürzung -> 179
Ackerboden -> 189
Alleinstellungsmerkmalen, Waren mit -> Waren mit Alleinstellungsmerkmalen -> 92
Amortisation -> 47
Anforderungen, herausfordernde -> herausfordernde Anforderungen -> 179
Angestellte -> 34
Angst -> 44, 166
Angst vor Selbstständigkeit -> 44

Arbeitnehmer -> 39
Arbeitnehmergehalt -> 42
Arbeitszeit -> 38
Aufbau eines Konsumentennetzwerkes -> 92
Aufbau von Beziehungen -> Beziehungen aufzubauen -> 73
Aufschieberitis -> 179
Ausreden -> 179

B

Bäumchen, kleines Bäumchen -> 60
Bäume, großen Bäumen -> 61
Bäume, mittelgroßen Bäumen -> 60
Bäume, prächtigen Bäumen -> 61
Baummetapher -> 60
Bedrohung -> 169
Begeisterung -> 175
Beharrungsvermögen -> 189
Beispiel Eines-Markanten-Kaufhauses (EMK) als Virtuelles Kaufhaus -> 85
Bequemlichkeit -> 189
Besserwisserei -> 186
Bewusste Inkompetenz -> 159
Bewusste Kompetenz -> 160
Beziehungen aufzubauen -> 73
Boni-> 92, 93
Bonus -> 97
Brutto-Einkommen -> 42
Bruttopreis -> 22

C

chaotische Gedankenwelt -> 191
Comfort-Zone -> 189
Consumer-Club -> 33

D

Daumenkino -> 75, 113, 128
des Geistes, Spielregeln -> 188
Direktvertrieb -> 26, 28
Duplikation, erfolgreiche Duplikation -> 70
Duplikationsquote -> 101

E

Egoismus ist wie Mundgeruch -> 187
Egoisten -> 187
Egoistische Menschen -> 187
Eigenschaften der Waren -> 31
ein Leben nach dem Geld -> 181
Einfachheit -> 125
einkalkulierten Vertriebskosten -> 93

Einkommen, gegenwärtiges -> gegenwärtiges Einkommen -> 154
Einkommen, massives -> massive Einkommen -> 181
Einkommen, massives -> massive Einkommen -> 181
Einkommen, monatlichen Einkommen -> 41
Einkommen, Passives Einkommen -> 61
Einkommenslimit -> 35
Einkommensmöglichkeiten im Empfehlungsmarketing -> 142
Einstiegsgebühr -> 24
Einzelhandel -> 22
Einzelhandel vs. Empfehlungsmarketing -> 94
Einzelhandel, klassischer -> Klassischer Einzelhandel -> 22
einzigartige Möglichkeit -> 97
Elefantenherde -> 182
Emotionale Bindung der Arbeitnehmer an ihren Arbeitsplatz -> 40
Empfehlungen, Netzwerk von -> Netzwerk von Empfehlungen -> 92
Empfehlungsmarketer -> 155, 156, 160, 161
Empfehlungsmarketing -> 21, 29, 41, 60, 182, 183
Empfehlungsmarketing als Lernprozess -> 159
Empfehlungsmarketing in qualitativer Betrachtung -> 106
Empfehlungsmarketing in quantitativer Betrachtung -> 142
Empfehlungsmarketing, Die Endlichkeit des verkaufsorientierten -> 70
Empfehlungsmarketing, Die Grundlagen -> 69
Empfehlungsmarketing, Einkommensgenerierung im – Die Lastkraftwagenmetapher -> 106
Empfehlungsmarketing, Erfolgsprinzipien des -> Erfolgsprinzipien des Empfehlungsmarketing -> 175
Empfehlungsmarketing, Hürden des -> Die zehn überwindbaren Hürden vor Ihrem Erfolg im Empfehlungsmarketing -> 184
Empfehlungsmarketing, Karriere im -> Karriere im Empfehlungsmarketing -> 181
Empfehlungsmarketing, Vampire des -> Vampire des Empfehlungsmarketing -> 179
Empfehlungsmarketing-Konzept -> 125
Empfehlungsmarketings, Funktionsweise des -> 69
Empfehlungsmarketings, Prinzip eines erfolgreichen -> 70
End-Scheidungen -> 193
Enttäuschung -> 173
Erfolg, schnellem Erfolg im Empfehlungsmarketing -> 48
Erfolg, Sofortiger Erfolg im Empfehlungsmarketing -> 49
Erfolgsprinzipien des Empfehlungsmarketing -> 175
erklärungsbedürftige Gebrauchsgüter -> 26
Ernsthafte Partner -> 51
Existenzgründungsseminar -> 45
exponentieller Anstieg der Verdienstmöglichkeit -> 68

F
Faustregel, Entwicklungsschritte im Empfehlungsmarketing -> 158
Fehler -> 160
Feindseligkeit -> 173
Feld, das finanzielle -> finanzielle Feld, das -> 181
Fertigexistenz -> 87
Feuer -> 180, 182
finanzielle Feld, das -> 181
Franchise -> 24
Franchise-Club -> 33
frei verfügbares Netto-Einkommen -> 41
Freiheit -> 181
Führungsrolle -> 181
Fundament -> 60
Furcht -> 168
G
Gallup-Studie: Emotionale Bindung der Arbeitnehmer an ihren Arbeitsplatz -> 40
Gebrauchsgüter -> 27
Gebrauchsgüter, erklärungsbedürftige -> 26
Gedanken, zweifelnde -> Zweifelnde Gedanken -> 185
Gedanken-Hygiene -> 191
Gedankenwelt -> 191
Gedankenwelt, chaotische -> chaotische Gedankenwelt -> 191
Gegenüberstellung der Zahlenreihe
  einer 2er-Duplikation und 3er-Duplikation -> 53
Gegenüberstellung der Zahlenreihe
  einer 2er-Duplikation und 4er-Duplikation -> 55
Gegenüberstellung der Zahlenreihe
  einer 2er-Duplikation und 5er-Duplikation -> 56
Gegenüberstellung der Zahlenreihen
  einer 1er- bis 5er-Duplikation -> 57
Gehalt, das zweite -> 100, 140, 145
Gehirnwäsche -> 191
Geld, ein Leben nach dem -> ein Leben nach dem Geld -> 181
Geldrückfluss -> Rückfluss der (eingepreisten) Gelder -> 92
Gesetz der Resonanz -> 180
Gesetz von Saat und Ernte -> 189
Gold-Lastkraftwagen -> 108
Großhandel -> 22
H
Haar in der Suppe -> 179
Hamsterrad -> 18
Handeln, massives -> massive Handeln -> 181

Handelsspanne -> 35
Händler -> 60
herausfordernde Anforderungen -> 179
Herz, widerwilliges -> widerwilliges Herz -> 186
Hürden des Empfehlungsmarketing -> Die zehn überwindbaren Hürden
    vor Ihrem Erfolg im Empfehlungsmarketing -> 184
Hygiene, Gedanken- -> Gedanken-Hygiene -> 191
Hygiene, Sprach- -> Sprach-Hygiene -> 191
I
Identifikation, personalisierte -> personalisierte Identifikation -> 86
Imagination -> 181
Inkompetenz, Bewusste -> Bewusste Inkompetenz -> 159
Inkompetenz, Unbewusste -> Unbewusste Inkompetenz -> 159
INPUT bestimmt den OUTPUT -> 191
Insolvenz - > 87
Inspiration -> 177, 190
Investitionen -> 23, 41, 45, 87
J
Jäger -> 60
K
Karriere im Empfehlungsmarketing -> 181
Karriereweg -> 183
Kaufhaus, markantes -> Beispiel Eines-Markanten-Kaufhauses (EMK) als
    Virtuelles Kaufhaus -> 85
Kaufhaus, Virtuelles -> Virtuelles Kaufhaus -> 87, 89
Kaufhausbeispiel – Beispiel: Virtuelles Kaufhaus -> 85
Kerze -> 180
klassische Network-Marketing -> 28
Kleinunternehmer -> 42
Kompetenz, Bewusste -> Bewusste Kompetenz -> 160
Kompetenz, Unbewusste -> Unbewusste Kompetenz -> 160
Konkurrenzdenken -> 84
Konsumentennetzwerk -> 87, 92
Konsumentennetzwerkes, Aufbau eines -> Aufbau eines Konsumenten-
    netzwerkes -> 92
Konzentrationsfähigkeit -> 191
Konzept des Empfehlungsmarketings -> 37, 125
Kostendeckung -> 47
Kriterienliste um Gold-Lastkraftwagen -> 110
Kundenkarte -> 96
L
Lagerhalle -> 107
Lagerhaltung -> 87
Lastkraftwagenmetapher -> 106

Lebenszeit gegen Geld tauschen -> 17
Leer-Lastkraftwagen -> 108
Lernbereitschaft -> 37
Lernbereitschaft, mangelnde -> Mangelnde Lernbereitschaft -> 190
Licht -> 180
Linie, stabile -> stabile Linie -> 119
Lizenzgebühren -> 32

M

magical number of seven, the -> 59
Mangelnde Lernbereitschaft -> 190
Mär vom schnellen Reichtum 47
Markanten-Kaufhauses, Beispiel eines -> Beispiel Eines-Markanten-Kaufhauses (EMK) als Virtuelles Kaufhaus -> 85
Marketingplan -> 92
massive Einkommen, das -> 181
massive Handeln, das -> 181
Menschen, egoistische -> Egoistische Menschen -> 187
Menschen, motivierte -> Motivierte Menschen -> 178
Menschen, Umgang mit negativen -> – Umgang mit negativen Menschen -> 192
Mentoren -> 39, 183
Mindestduplikation über drei Ebenen in der Tiefe -> 72
Mindestduplikationssatz -> 72
MLM -> Multi-Level-Marketing -> 28
Möglichkeit, einzigartige -> einzigartige Möglichkeit -> 97
Momentum -> 179, 179, 181
Motivation -> 178, 180
Motivierte Menschen -> 178
Multi-Level-Marketing -> 28
Mundgeruch, Egoismus ist wie -> 187
Mundpropaganda -> 19; 29
Mund-zu-Mund-Propaganda -> 19

N

Nachhaltig Erfolg verpflichtete Menschen -> 193, 194
Nachvollziehbarkeit -> 125
Nebenberufler im Empfehlungsmarketing -> 42
Netto-Einkommen, frei verfügbares -> frei verfügbares Netto-Einkommen -> 41
Nettoeinkommen, frei verfügbares -> frei verfügbares Netto-Einkommen -> 41
Nettopreis -> 22
Network-Marketing -> 28
Network-Marketing -> 28
Network-Marketing, klassisches -> klassische Network-Marketing -> 28

Netzwerk von Empfehlungen -> 92
Netzwerk von Empfehlungen -> 92
Niedergeschlagenheit (Depression) -> 170
Nutznießung -> 92
NWM -> Network-Marketing -> 28
O
Offenheit -> 37
P
Partner, ernsthafte -> Ernsthafte Partner -> 51
Passives Einkommen -> 61
personalisierte Identifikation -> 86
positive Vision -> 162
Power -> 184, 192
Prinzip eines erfolgreichen Empfehlungsmarketings -> 70
Prinzip, das grundlegende -> das grundlegende Prinzip -> 103
Produktnutzung -> 92
Professionelle Verkäufer -> Verkäufer, professionelle -> 69
Provisionen -> 92
Provisionszahlungen -> 61
Prozess bei Veränderungen -> 163
psychologischer Vertrag -> 173
Punktesammelsystem -> 86, 97
Q
Quelle, zweite -> Zweiten Quelle -> 13, 145
R
Rabatte -> 92
Realitätscheck -> 149
Regel, Die 1-3-5-7- -> Die 1-3-5-7-Regel -> 158
Registriernummer -> 86
Reichtum -> 43
Relation von Menschen und Geschäft -> 36
Rendite – Finanzmathematische Betrachtung -> 145
Rente -> 147
Rentenkasse -> 147
Resonanz, Gesetz der -> Gesetz der Resonanz -> 180
Rückfluss der (eingepreisten) Gelder -> 92
S
Saat und Ernte, Gesetz von -> Gesetz von Saat und Ernte -> 189
Saatgut -> 189
Sales-Club -> 33
Sammler -> 60
Schachbrett mit Reiskörnern -> 50
Schachspiel -> 50
schnellem Erfolg -> 48

Schuld -> 170
Selbstständigkeit, Angst vor -> 44
Selbstständigkeit, Herausforderung der Selbstständigkeit -> 43
Silber-Lastkraftwagen -> 108
Sisyphusarbeit -> 181
Situationen, betrieblichen Situationen -> 39
Spielregeln der Natur -> 188
Spielregeln des Lebens -> 188
Spielregeln des Universums -> 188
Spielregeln Gottes -> 188
Sprach-Hygiene -> 191
Sprösslinge -> 60
stabile Linie -> 119
Standort -> 34
Systematisierung -> 125

T

Tankstellenbeispiel -> 96; 96
Team verachtfacht (8x) -> 53
Team verzweiundfünfzigfacht (52x) -> 56
Team verzweiundzwanzigfacht (22x) -> 54
Teamverdoppelung -> 52
The magical number of seven -> 59
Trägheitsmoment -> 180
T-U-N -> 49

U

Unbewusste Inkompetenz -> 159
Unbewusste Kompetenz -> 160
Unternehmensgründung, Angst vor -> 44
Unternehmer -> 41
Unternehmereinkommen -> 42
Unterschied Empfehlungsmarketing gegenüber Network-Marketing -> 30
Urlaubsmöglichkeit -> 39

V

Vampire des Empfehlungsmarketing -> 179
Veränderungen -> Prozess bei Veränderungen -> 163
Veränderungskurve -> 164, 165
Veränderungsprozessen, Weggabelungen bei -> Weggabelungen bei Veränderungsprozessen -> 163
Verantwortung -> 17, 18, 44, 44, 87
Verbauchernetzwerk -> Konsumentennetzwerk -> 87
Verbrauchsgüter -> 27, 31
Verdienstmöglichkeit, exponentieller Anstieg der Verdienstmöglichkeit im Empfehlungsmarketing -> 68

Vergleich der Provisionsausschüttung unterschiedlicher Vertriebsformen -> 66
Vergütungsplan -> 64
Verkäufer, professionelle -> Professionelle Verkäufer -> 69
Verkäufer, Professionelle Verkäufer -> 69
Verleugnung -> 172
Vermögensbildung -> 147
Vermögensbildung bei unterschiedlichen Rücklagebeträgen -> 146
Vertriebskosten, einkalkulierte -> einkalkulierten Vertriebskosten -> 93
Vertriebswege im qualitativen Vergleich -> 32
Vertriebswege, Kriterienbezogene Gegenüberstellung von Vertriebswegen -> 32
Vertriebswege, Personenbezogene Gegenüberstellung von Vertriebswegen -> 38
Vertriebswege, Vorstellung von Vertriebswegen -> 21
Vier statt vierzig Jahre -> 4 statt 40 Jahre -> 175, 183
Vier-Jahre-Karriereplan -> 147, 175
Virtuelles Kaufhaus -> 87, 89, 92
Virtuelles Kaufhaus -> Beispiel Eines-Markanten-Kaufhauses (EMK) als Virtuelles Kaufhaus -> 85
Vision, positive -> positive Vision -> 162
Visionen -> 184
Vorfreude -> 167
Vorwärtsbewegung/ Selbstzufriedenheit -> 171

W

Waren mit Alleinstellungsmerkmalen -> 92
Waren, Eigenschaften der Waren für Empfehlungsmarketing -> 31
Wasser -> 60
Weggabelungen bei Veränderungsprozessen -> 163
Weiterbildungsmaßnahmen -> 35
Werdegang eines erfolgreichen Empfehlungsmarketer -> 155
widerwilliges Herz -> 186

XY

Z

Zahlenbeispiel einer monatlichen 1er-Duplikation -> 101
Zeit, Lebens -> (Lebens-)Zeit -> 23
Ziele -> 184
Zusammensetzung eines Kundenpreises – Direktvertrieb -> 26
Zusammensetzung eines Kundenpreises – Einzelhandel -> 22
Zweifelnde Gedanken -> 185
Zweite Quelle -> Quelle, zweite -> Zweiten Quelle -> 13, 145
Zweites Gehalt -> Gehalt, das zweite -> 100, 140, 145
Zwischenhandel -> 22

Notizen

Notizen

Über den Autor
Prof. Dr. Eike Clausius

Dr. Eike Clausius studierte Wirtschaft und Chemie in Berlin, Niederlanden, Tschechoslowakei und den U.S.A. und schloss sein Studium als Wirtschaftsingenieur an der TU Berlin mit dem Dipl.-Ingenieur/TU 1983 ab.

Nach mehrjähriger Tätigkeit in der Industrie promovierte er 1992 zum Dr. rer. oec. an der TU Berlin. Seit dieser Zeit beschäftigt und unterstützt er Menschen auf ihrem Weg ins Network-Marketing, Multi-Level-Marketing und Empfehlungsmarketing. Als Franchisepartner (Geschäftspartner) hat er sich in unterschiedliche Unternehmen einschreiben lassen, um diese in Asien und Amerika weit verbreiteten Wirtschaftsmodelle auf deren Seriosität und Erfolgstauglichkeit zu untersuchen.

1994 erhielt er einen Ruf zum Professor auf den Lehrstuhl für Allgemeine Betriebswirtschaftslehre an die Westsächsischen Hochschule Zwickau in Zwickau/ Sachsen. Er erweiterte seine Kenntnisse um den Forschungs- und Spezialschwerpunkt: Unternehmensführung mit emotionaler Kompetenz, insbesondere die (**EI-KE-Methode) E**motional-**I**ntelligence-as-**K**ey-**E**lement-Methode.

Er ist Bestseller-Autor mehrerer wissenschaftlicher Bücher, Healthy-Living- und Mental-Coach sowie Persönlichkeits-Trainer. In unterschiedlichen Unternehmen ist er als Coach sowie All-umfassender Trainer tätig. Mit seiner Familie lebt er in Berlin.

Kontakt zum Autor für Buch-, Seminar- und Empfehlungsmarketing-Interessierte:

Email: ecl@eikeclausius.de;

Homepage: www.eikeclausius.de; www.EIKE-Methode.de;
www.das-zweite-Gehalt.de; www.die-zweite-quelle.de;
www.das-zweite-einkommen.de;
www.the-second-income.org; www.the-second-income.de;
www.the-second-income.eu; www.the-second-source.com;
www.richandhealthy.de;
www.la-segunda-fuente.de

Notizen

Notizen

Notizen

überreicht von: